BRIAN GAGG

WORTSUCHRÄTSEL

2 in 1 SAMMELBAND

1. und 2. WELTKRIEG

AF175266

Bibliografische Information der Deutschen Nationalbibliothek:
Die Deutsche Nationalbibliothek verzeichnet diese Publikation in der Deutschen Nationalbibliografie; detaillierte bibliografische Daten sind im Internet über http://dnb.dnb.de abrufbar.

© 2021 Brian Gagg; 1. Auflage
Covergrafik / Illustrationen Copyright © 2021 Brian Gagg and its licensors. All rights reserved.
Texte © 2021 Brian Gagg
Herstellung und Verlag: BoD – Books on Demand, Norderstedt
ISBN: 9783755700753

Inhaltsangabe   Seite

Einleitung

Auf den folgenden Seiten finden sich thematisch sortierte Wortsuchrätsel.

Um ein Wortsuchrätsel zu lösen, müssen alle jeweils aufgelisteten Worte in der darüber befindlichen Buchstabenmatrix gefunden werden. Ist ein Wort gefunden, sollte es mit einem Stift umkreist und das gefundene Wort aus der Liste gestrichen werden. Sind alle Worte aus der Liste gefunden, ist das Rätsel gelöst. Bei Schwierigkeiten ein Rätsel zu lösen, kann die Lösung jeweils auf der Rückseite nachgeschaut werden. Die zu findenden Worte sind jeweils als ganzes (d.h. immer nur in einer Richtung und ungebrochen) in der Matrix nach folgenden Regeln versteckt:

- Suchworte können sich überlagern, d.h. ein Buchstabenkästchen kann von mehreren Suchworten genutzt sein.

- Worte können vorwärts, rückwärts, horizontal, vertikal oder diagonal in der Matrix versteckt sein.

- Suchworte stehen für sich alleine und sind unter- oder nebeneinander aufgelistet.

```
C R T N U I Q R A V H F Q D Q R J P R
M X A A A J J B T E F E Z Y P B X M K
E G Y K U B F G W R M G S O F S Q R D
C N O Z F O U G E B K N I R G V C H N
E U M M M P L K N U R H X K N L Q F A
K T C M L K M D K E I K F H D B K L L
L H I G M X L W N E U U I P E M A S
W C Q S Y K U E D D G B P P I E E M D
W I W F M P A V I E S A W K E I W M N
D N V E H Y E K M T G M S T P T S E A
B R O N I Q G G E E X E N F B T N M
A E K N A D Q Z I R W X M O H V E W E
D V A K T I M P M R I W Z R N F L E I
D N A T S L L I T S N E F F A W L R N
E E X X S X Z E T D N G C T F E U F I
F S O K V B O E D P L L B S O J N E C
L S F D E U N R Z Z E A V E I W G R G
E A R K I Z C K D C R G Y W T O S L S
J M T N A V T C Z F T K N U Q D K Q G
G S M N Q X X V V R M K Z A I E R Z S
D V G E J U S T T B Z N C V Y F I N U
F S Y C D Q R C F G I H A D S V E P E
T H C A L H C S L A I R E T A M G R E
T T A S P W E C L L R T H Z O J Z Y N
```

1

MASSENVERNICHTUNG
MATERIALSCHLACHT
WAFFENSTILLSTAND
KRIEGSGEWINNLER
STELLUNGSKRIEG

FLAMMENWERFER
NIEMANDSLAND
EXISTENZANGST
VERBUENDETER
WESTFRONT

3

Lösung

```
C R T N U I Q R A V H F Q D Q R J P R
M X A A A J J B T E F E Z Y P B X M K
E G Y K U B F G W R M G S O F S Q R D
C N O Z F O U G E B K N I R G V C H N
E U M M M P L K N U R H X K N L Q F A
K T C M L K M D K E I K F H D B K L L
L H I G M X L W M N E U U I P E M A S
W C Q S Y K U E D D G B P P I E E M D
W I W F M P A V I E S A W K E I W M N
D N V E H Y E K M T G M S T P T S E A
B R O N I Q G G G E E X E N F B T N M
A E K N A D Q Z I R W X M O H V E W E
D V A K T I M P M R I W Z R N F L E I
D N A T S L L I T S N E F F A W L R N
E E X X S X Z E T D N G C T F E U F I
F S O K V B O E D P L L B S O J N E C
L S F D E U N R Z Z E A V E I W G R G
E A R K I Z C K D C R G Y W T O S L S
J M T N A V T C Z F T K N U Q D K Q G
G S M N Q X X V V R M K Z A I E R Z S
D V G E J U S T T B Z N C V Y F I N U
F S Y C D Q R C F G I H A D S V E P E
T H C A L H C S L A I R E T A M G R E
T T A S P W E C L L R T H Z O J Z Y N
```

```
W N M S S N Y F P B Y L Q N Z Y P F X
J L Y R S I B P V N U W S V C O U R K
S V C Y J I B M S O R E R E P O Z O H
Z Q K W N I F A T U U K N R R Y G N K
S E V R Y N R R M O T R A D K T Q T B
J F D L H U E K A A U F L C N S Z S J
X E N C J L T N P U F G P M S I Q C D
K R F D S L I I Z J R J N Q A U S H F
E D H C T A E E T Z C P E H X S C W X
W S T L M C R W J J F I F Y M E X E F
V C K J A H F C M Y A B F Q B W X I I
S H C W V T E E H J M U E G Y O H N H
A A T I I F G J P V K Q I R B U U V A
I E Q R E U E F E I R E L L I T R A N
R C H W A F F E K U I E H Q G S Z P D
N H N R K F A L E X L A C I D S Q T G
N T M V L Z B X N W Y J S D B A C C R
O E W H T E Y D Y N D B Q U C O L R A
G N K H S H O A N P E L T T M F R Z N
J L Q X J N V Y H M P M L O E Y Q H A
J G C N S J L A Q M C P T J L V Q K T
M L B R K L C E P J T Q H I F T J B E
R Z T Z Y N Q Y L V C Q C K R M A S G
R U B X C B G A T B T N S Z Y F L C S
```

2

NULLACHTFUFFZEHN   HANDGRANATE

ARTILLERIEFEUER   WEINKRAMPF

SCHLIEFFENPLAN   BUENDNIS

FRONTSCHWEIN   GEFREITER

ERDSCHAECHTE   WAFFE

Lösung

```
W N M S S N Y F P B Y L Q N Z Y P F X
J L Y R S I B P V N U W S V C O U R K
S V C Y J I B M S O R E R E P O Z O H
Z Q K W N I F A T U U K N R R Y G N K
S E V R Y N R R M O T R A D K T Q T B
J F D L H U E K A A U F L C N S Z S J
X E N C J L T N P U F G P M S I Q C D
K R F D S L I I Z J R J N Q A U S H F
E D H C T A E E T Z C P E H X S C W X
W S T L M C R W J J F I F Y M E X E F
V C K J A H F C M Y A B F Q B W X I I
S H C W V T E E H J M U E G Y O H N H
A A T I I F G J P V K Q I R B U U V A
I E Q R E U E F E I R E L L I T R A N
R C H W A F F E K U I E H Q G S Z P D
N H N R K F A L E X L A C I D S Q T G
N T M V L Z B X N W Y J S D B A C C R
O E W H T E Y D Y N D B Q U C O L R A
G N K H S H O A N P E L T T M F R Z N
J L Q X J N V Y H M P M L O E Y Q H A
J G C N S J L A Q M C P T J L V Q K T
M L B R K L C E P J T Q H I F T J B E
R Z T Z Y N Q Y L V C Q C K R M A S G
R U B X C B G A T B T N S Z Y F L C S
```

N P K V N L R F Z W Z V L B V Z B S I
B J I D E X C R E O L E E O E Z C T B
L R C F B P R O P A G A N D A N N Z N
H X U D R T G R K T Z K W S O E H J P
E R T I E N K P L J Y P O F M O T A V
M U N I T I O N S L A G E R D H U V F
P B B N S G H U H E I Z W E P E H C G
S I C L N O S M M W T F U B S C W Q O
T D F C E E A E N E T T H V G O O E U
N Y I S S G U E U U S F T R J G N N Q
H E N D S C T H C C A U U S P J E T L
P L D M A J C K H O L B Q D P T Y A M
N L L E M S M E W N N S N D O P R V B
B U R U I K S E I E C X G T X I K A Z
B C Z V N R I Y D S D A P L J M P O W
X C V K H S F N O R G M C R Q M I Z Z
K A A X S V I D X A D P U X Q O I R E
P X P E G H O I N Y T H N Q R Z L Y E
G X J T G X S M A A C C P L O B O K H
V T H M P L T S A W H V F D G U N J R
R F W X H L Q O G G J C Z O R D X E G
T G T C K G W E K A K R S J N Q Y Y J
H R W O Z H V G C P U W I H C I E R Q
J P V Q P X E I N K E S S E L N E P D

VON HINDENBURG
MUNITIONSLAGER
DEUTSCHES REICH
SCHANDFRIEDEN
MASSENSTERBEN

WEISSE FAHNE
PROPAGANDA
EINKESSELN
SCHUETZE
TOTE

Lösung

```
N P K V N L R F Z W Z V L B V Z B S I
B J I D E X C R E O L E E O E Z C T B
L R C F B P R O P A G A N D A N N Z N
H X U D R T G R K T Z K W S O E H J P
E R T I E N K P L J Y P O F M O T A V
M U N I T I O N S L A G E R D H U V F
P B B N S G H U H E I Z W E P E H C G
S I C L N O S M M W T F U B S C W Q O
T D F C E A E N E T T H V G O O E U
N Y I S S G U E U U S F T R J G N N Q
H E N D S C T H C C A U U S P J E T L
P L D M A J C K H O L B Q D P T Y A M
N L L E M S M E W N N S N D O P R V B
B U R U I K S E I E C X G T X I K A Z
B C Z V R I Y D S D A P L J M P O W
X C V K H S F N O R G M C R Q M I Z Z
K A A X S V I D X A D P U X Q O I R E
P X P E G H O I N Y T H N Q R Z L Y E
G X J T G X S M A A C C P L O B O K H
V T H M P L T S A W H V F D G U N J R
R F W V X H L Q O G G J C Z O R D X E G
T G T C K G W E K A K R S J N Q Y Y J
H R W O Z H V G C P U W I H C I E R Q
J P V Q P X E I N K E S S E L N E P D
```

P Z T H M K K W Q Z H E K F N P A Q O
O X H P S D Z W L G G M G E R O J O J
S S I V Q A Y H B D K L B N I H P K G
O I M M Z B X W H R H A J K H Y Y E Z
R D I W L N S E I U R M F E C X F I B
W F S D T X N E N G L Q L E U D M D N
X V T N I I G G N X S C P E R X L C O
I U E W P S E E X U S P A D B I L A I
E E L F L R Z H W J U P I N S Q J I N
W R W A S T P O H R O M H E U U F Y U
E N E N E J B W T W O Q E G A H A P U
V R O U C U C H J I O F H E S M K G E
M T H Q I A E S I I D I G L G H M N L
S C O S K A K A H N B F Y S E Z W U L
S Z Q V P U G G D N J K L S I A F L I
Z O L S K L F T Y H P S X O R M N L A
Y N E L V B M Y T J Y V W T K U T E S
K O Y A A A R R A Z U M Y S P M T T R
X U Y E Z R G V C K K Z W H B S R S E
C Y I H H O E D Q H E R F C E A O O V
Q E P K Y N Y E G L O J A L A C T N Y
I W T E H C I L D N I E F O A R E S D
P B R O N G A R T R E V X D S E R Z B
D W B O B O F F U Y P W P X Z E J N G

FEINDLICHE STELLUNG

DOLCHSTOSSLEGENDE

VERSAILLER VERTRAG

SCHUETZENGRABEN

KRIEGSAUSBRUCH

UNION SACREE

ROTER BARON

KRIEGSLAERM

HUNGERSNOT

SPAEHTRUPP

```
P Z T H M K K W Q Z H E K F N P A Q O
O X H P S D Z W L G G M G E R O J O J
S S I V Q A Y H B D K L B N I H P K G
O I M M Z B X W H R H A J K H Y Y E Z
R D I W L N S E I U R M F E C X F I B
W F S D T X N E N G L Q L E U D M D N
X V T N I I G G N X S C P E R X L C O
I U E W P S E E X U S P A D B I L A I
E E L F L R Z H W J U P I N S Q J I N
W R W A S T P O H R O M H E U U F Y U
E N E N E J B W T W O Q E G A H A P R
V R O U C U C H J I O F H E S M K G E
M T H Q I A E S I I D I G L G H M N L
S C O S K A K A H N B F Y S E Z W U L
Z Q V P U G G D N J K L S I A F L I
Y N E L V B M Y T J Y V W T K U T E A
K O Y A A R R A Z U M Y S P M T T R
X U Y E Z R G V C K K Z W H B S R S E
C Y I H H O E D Q H E R F C E A O O V
Q E P K Y N Y E G L O J A L A C T N Y
I W T E H C I L D N I E F O A R E S D
P B R O N G A R T R E V X D S E R Z B
D W B O B O F F U Y P W P X Z E J N G
```

```
J V U K R W I V Y X T E A W N N V P U
N P E S A G R O L H C S Y W Z M M W Y
T E H D K H C I E R R E T S E O R E D
F T M T R L N X U L I N E R P D W M G
O Q Q E X M W D C Z W T X W U N A H V
Y W O A I X M M F X T W D X E Z W E M
S U J E J R Q Z B Z Y K L X B W O N X
G X D K V X N H T D I Q F D E N R G L
B P F L L J B V V D H F S I R E C L A
N U B R O X E M F U B D D A L J N A D
L Q X P D S W J L I N Y S I E Q A N G
N G H F V A T E R L A N D E B M J D R
G F R C N M C O Q V I L M R E G Y U A
H W D D E R D B N K Y Z X D N I E X B
E E C T A N T U E C F B C L S K S W E
Z Q K X L D N B S Y T O Q O K G W M N
F K Q O H N O M S R P O H E A V Y L S
M I U T Z H M J I K K I Z C M F S V Y
D W Y A K V C L E K U A C H P E D L S
D T K K H E Z X R Q H M O E F D S I T
O B R V V N B J E V V X Y R U W E A E
J U U V H R E U E F R E U A D K S S M
G N U R H E A N R E R E T N U K P Q E
S A Z X W O W I G L G I J O V Q F B Q
```

5

AM RIEMEN REISSEN
UEBERLEBENSKAMPF
UNTERERNAEHRUNG
GRABENSYSTEM
OESTERREICH

ERDLOECHER
DAUERFEUER
VATERLAND
CHLORGAS
ENGLAND

Lösung

```
J  V  U  K  R  W  I  V  Y  X  T  E  A  W  N  N  V  P  U
N  P  E  S  A  G  R  O  L  H  C  S  Y  W  Z  M  M  W  Y
T  E  H  D  K  H  C  I  E  R  R  E  T  S  E  O  R  E  D
F  T  M  T  R  L  N  X  U  L  I  N  E  R  P  D  W  M  G
O  Q  Q  E  X  M  W  D  C  Z  W  T  X  W  U  N  A  H  V
Y  W  O  A  I  X  M  M  F  X  T  W  D  X  E  Z  W  E  M
S  U  J  E  J  R  Q  Z  B  Z  Y  K  L  X  B  W  O  N  X
G  X  D  K  V  X  N  H  T  D  I  Q  F  D  E  N  R  G  L
B  P  F  L  L  J  B  V  V  D  H  F  S  I  R  E  C  L  A
N  U  B  R  O  X  E  M  F  U  B  D  D  A  L  J  N  A  D
L  Q  X  P  D  S  W  J  L  I  N  Y  S  I  E  Q  A  N  G
N  G  H  F  V  A  T  E  R  L  A  N  D  E  B  M  J  D  R
G  F  R  C  N  M  C  O  Q  V  I  L  M  R  E  G  Y  U  A
H  W  D  D  E  R  D  B  N  K  Y  Z  X  D  N  I  E  X  B
E  E  C  T  A  N  T  U  E  C  F  B  C  L  S  K  S  W  E
Z  Q  K  X  L  D  N  B  S  Y  T  O  Q  O  K  G  W  M  N
F  K  Q  O  H  N  O  M  S  R  P  O  H  E  A  V  Y  L  S
M  I  U  T  Z  H  M  J  I  K  K  I  Z  C  M  F  S  V  Y
D  W  Y  A  K  V  C  L  E  K  U  A  C  H  P  E  D  L  S
D  T  K  K  H  E  Z  X  R  Q  H  M  O  E  F  D  S  I  T
O  B  R  V  V  N  B  J  E  V  V  X  Y  R  U  W  E  A  E
J  U  U  V  H  R  E  U  E  F  R  E  U  A  D  K  S  S  M
G  N  U  R  H  E  A  N  R  E  R  E  T  N  U  K  P  Q  E
S  A  Z  X  W  O  W  I  G  L  G  I  J  O  V  Q  F  B  Q
```

```
I  W  X  C  C  O  H  S  Q  W  R  P  T  Q  U  M  Q  S  I
X  A  A  T  Y  M  K  Q  O  N  T  F  W  C  W  X  T  B  Q
U  K  M  V  Z  G  D  W  W  I  K  F  F  Z  G  E  V  L  T
B  D  A  Y  I  D  P  M  H  C  Q  U  I  V  L  J  G  A  E
A  Z  R  I  I  M  E  P  A  R  B  G  B  L  W  U  L  M  V
D  Q  V  D  S  X  I  U  H  R  G  P  U  V  X  O  G  R  W
V  W  I  M  Y  E  J  E  T  B  N  N  X  H  F  R  J  P  E
T  W  L  X  P  R  R  C  A  S  G  E  S  C  Q  T  V  R  N
X  S  W  I  P  B  D  R  Q  H  C  G  J  I  D  B  G  V  N
P  R  H  X  A  O  H  C  E  D  H  H  S  E  O  L  O  N  F
Q  I  F  N  X  M  A  N  Z  I  C  Z  E  R  N  G  M  A  Y
W  K  S  E  E  B  N  R  V  F  C  O  Z  K  D  F  E  C  A
X  L  A  T  G  E  K  G  Y  E  J  H  W  N  G  C  G  H  L
F  S  B  A  F  N  S  C  I  I  Q  N  U  A  F  J  T  S  P
H  D  N  D  S  T  M  G  R  N  Q  M  S  R  Q  Y  N  C  X
G  I  I  L  M  R  H  P  X  D  I  K  T  F  Y  N  F  H  N
B  Y  E  O  F  I  O  F  U  B  M  I  U  V  B  R  B  U  G
Q  F  D  S  Y  C  Z  J  Z  I  I  K  E  X  U  W  R  B  M
O  D  E  E  L  H  H  L  F  L  L  P  R  L  M  T  T  E  L
T  A  R  P  I  T  A  E  R  D  A  A  M  Y  E  D  F  S  F
M  S  L  N  L  E  S  M  A  E  F  P  E  Q  V  N  J  D  D
J  B  A  V  O  R  D  B  Y  R  V  S  N  V  P  X  D  L  D
U  L  G  Q  G  G  B  A  N  F  X  S  Z  W  F  U  I  W  B
F  U  E  N  V  W  B  Z  S  C  H  L  A  C  H  T  Q  M  M
```

DAS DEUTSCHE KAISERREICH
STELLUNG STUERMEN
BOMBENTRICHTER
MARNE SCHLACHT
FEINDBILDER

FRANKREICH
NIEDERLAGE
NACHSCHUB
SOLDATEN
ELEND

Lösung

I	W	X	C	C	O	H	S	Q	W	R	P	T	Q	U	M	Q	S	I
X	A	A	T	Y	M	K	Q	O	N	T	F	W	C	W	X	T	B	Q
U	K	M	V	Z	G	D	W	W	I	K	F	F	Z	G	E	V	L	T
B	D	A	Y	I	D	P	M	H	C	Q	U	I	V	L	J	G	A	E
A	Z	R	I	I	M	E	P	A	R	B	G	B	L	W	U	L	M	V
D	Q	V	D	S	X	I	U	H	R	G	P	U	V	X	O	G	R	W
V	W	I	M	Y	E	J	E	T	B	N	N	X	H	F	R	J	P	E
T	W	L	X	P	R	R	C	A	S	G	E	S	C	Q	T	V	R	N
X	S	W	I	P	B	D	R	Q	H	C	G	J	I	D	B	G	V	N
P	R	H	X	A	O	H	C	E	D	H	H	S	E	O	L	O	N	F
Q	I	F	N	X	M	A	N	Z	I	C	Z	E	R	N	G	M	A	Y
W	K	S	E	E	B	N	R	V	F	C	O	Z	K	D	F	E	C	A
X	L	A	T	G	E	K	G	Y	E	J	H	W	N	G	C	G	H	L
F	S	B	A	F	N	S	C	I	I	Q	N	U	A	F	J	T	S	P
H	D	N	D	S	T	M	G	R	N	Q	M	S	R	Q	Y	N	C	X
G	I	I	L	M	R	H	S	P	X	D	I	K	T	F	Y	N	F	H
B	Y	E	O	F	I	O	F	U	B	M	I	U	V	B	R	B	U	G
Q	F	D	S	Y	C	Z	J	Z	I	I	K	E	X	U	W	R	B	M
O	D	E	E	L	H	H	L	F	L	L	P	R	L	M	T	T	E	L
T	A	R	P	I	T	A	E	R	D	A	A	M	Y	E	D	F	S	F
M	S	L	N	L	E	S	M	A	E	F	P	E	Q	V	N	J	D	D
J	B	A	V	O	R	D	B	Y	R	V	S	N	V	P	X	D	L	D
U	L	G	Q	G	G	B	A	N	F	X	S	Z	W	F	U	I	W	B
F	U	E	N	V	W	B	Z	S	C	H	L	A	C	H	T	Q	M	M

```
R N N E M G M U Q V T O U I L J S Q P
N J C M J S S W Z U M H E S N I H K X
E J R K J D W B K T R L X V Z V Q M E
U A K R I E G S F U E H R U N G H P K
A B P I K K D W W Q O H S I H T S K U
G N K E S E E B L O C K A D E B H I J
P H L G D A E K I L Y Z T I K Y B K O
Q M Y S J W Q T E D L N M T R O A U I
C L Y T D J V O B T S G W K I S T T F
D J Y R A E W H S V U A Q A E M S S N
E Y A A Z X C J N K F Q N J G C L I Q
O S G U N Z Y F J Z F U S K S W A S B
P S E M N E G A L H C S K C E U R U Z
N I S A X E W P Z G E V K T R P E M V
D L V H S A F S E X R P N T K T N K K
T W Z O N X N F C S V N G E L Y E E K
W Y I G N Y O O E Q O B T R A F G L G
V G Q Q O A B J V I A R E A E B R I K
E L D N Q F S M W X L E N Z R D E V B
F F E O Z C H T O W S H R A U M F I J
R E S E R V I S T F A A C L N L P Z W
A L F R E D K Y I E K X J S G L O G V
B J A W W U N X W U O X R N S F S Y I
M Q R C V S I Y W H V U D F X B R L H
```

 7

ALFRED VON SCHLIEFFEN

KRIEGSERKLAERUNG

ZURUECKSCHLAGEN

KRIEGSFUEHRUNG

KRIEGSTRAUMA

GENERALSTAB

SEEBLOCKADE

ZIVILE OPFER

RESERVIST

LAZARETT

Lösung

```
R  N  N  E  M  G  M  U  Q  V  T  O  U  I  L  J  S  Q  P
N  J  C  M  J  S  S  W  Z  U  M  H  E  S  N  I  H  K  X
E  J  R  K  J  D  W  B  K  T  R  L  X  V  Z  V  Q  M  E
U  A  K  R  I  E  G  S  F  U  E  H  R  U  N  G  H  P  K
A  B  P  I  K  K  D  W  W  Q  O  H  S  I  H  T  S  K  U
G  N  K  E  S  E  E  B  L  O  C  K  A  D  E  B  H  I  J
P  H  L  G  D  A  E  K  I  L  Y  Z  T  I  K  Y  B  K  O
Q  M  Y  S  J  W  Q  T  E  D  L  N  M  T  R  O  A  U  I
C  L  Y  T  D  J  V  O  B  T  S  G  W  K  I  S  T  T  F
D  J  Y  R  A  E  W  H  S  V  U  A  Q  A  E  M  S  S  N
E  Y  A  A  Z  X  C  J  N  K  F  Q  N  J  G  C  L  I  Q
O  S  G  U  N  Z  Y  F  J  Z  F  U  S  K  S  W  A  S  B
P  S  E  M  N  E  G  A  L  H  C  S  K  C  E  U  R  U  Z
N  I  S  A  X  E  W  P  Z  G  E  V  K  T  R  P  E  M  V
D  L  V  H  S  A  F  S  E  X  R  P  N  T  K  T  N  K  K
T  W  Z  O  N  X  N  F  C  S  V  N  G  E  L  Y  E  E  K
W  Y  I  G  N  Y  O  O  E  Q  O  B  T  R  A  F  G  L  G
V  G  Q  Q  O  A  B  J  V  I  A  R  E  A  E  B  R  I  K
E  L  D  N  Q  F  S  M  W  X  L  E  N  Z  R  D  E  V  B
F  F  E  O  Z  C  H  T  O  W  S  H  R  A  U  M  F  I  J
R  E  S  E  R  V  I  S  T  F  A  A  C  L  N  L  P  Z  W
A  L  F  R  E  D  K  Y  I  E  K  X  J  S  G  L  O  G  V
B  J  A  W  W  U  N  X  W  U  O  X  R  N  S  F  S  Y  I
M  Q  R  C  V  S  I  Y  W  H  V  U  D  F  X  B  R  L  H
```

U I L E K N N H Y L A L Z R U Z L L R
R G G Z C R C S M P W Y C X S V D E B
W S N D Q N I D A X E C H T G O T O O
S U K I Q L V E Z H K T E I B R P M G
M M P V B P G J G X C Q C U O B N M X
Q W A U G C C E L S Y M U P T G Y A E
K Y V T R M F T R F A G S Z D R A S V
Z W A G R Z J B C S E N W K G J K C W
G X Q V L O H M H J A E L F C C Z H I
G F R O N T S S I R E W I E H U G I K
W S N E R G O E T I F Y G N I B P N R
H R O O F T J N N V L U Y Y N H F E I
N R I D U R E J D P A M M W H D E N E
G Y T G Z P O Q A R N L N H L S H G G
Z N A Y P T K V R F K A F T J F E E S
S D M U V S U F E S E Q A N E D F W Z
U W R P M E N E M K B X E L T D K E I
Y T O P V N I I A N X B U B I T J H T
Q C F C J Q S M K X E E J Z U U U R T
M G H M H F L A U G L N U B R T T Q E
T G Q M F I U A R O K C O Y I L C C R
F A M C M U H E S R E T E D N J A I E
M A G Q W K C P B S D O E K A K S Y R
M X W Z F B Z W L J K U R N W G U C C

 **8**

TRUPPENTRANSPORTER
MASCHINENGEWEHR
KRIEGSZITTERER
KRIEGSANLEIHE
FORMATION

MATROSEN
KAMERAD
ERGEBEN
FLANKE
FRONT

Lösung

```
U  I  L  E  K  N  N  H  Y  L  A  L  Z  R  U  Z  L  L  R
R  G  G  Z  C  R  C  S  M  P  W  Y  C  X  S  V  D  E  B
W  S  N  D  Q  N  I  D  A  X  E  C  H  T  G  O  T  O  O
S  U  K  I  Q  L  V  E  Z  H  K  T  E  I  B  R  P  M  G
M  M  P  V  B  P  G  J  G  X  C  Q  C  U  O  B  N  M  X
Q  W  A  U  G  C  C  E  L  S  Y  M  U  P  T  G  Y  A  E
K  Y  V  T  R  M  F  T  R  F  A  G  S  Z  D  R  A  S  V
Z  W  A  G  R  Z  J  B  C  S  E  N  W  K  G  J  K  C  W
G  X  Q  V  L  O  H  M  H  J  A  E  L  F  C  C  Z  H  I
G  F  R  O  N  T  S  S  I  R  E  W  I  E  H  U  G  I  K
W  S  N  E  R  G  O  E  T  I  F  Y  G  N  I  B  P  N  R
H  R  O  O  F  T  J  N  N  V  L  U  Y  Y  N  H  F  E  I
N  R  I  D  U  R  E  J  D  P  A  M  M  W  H  D  E  N  E
G  Y  T  G  Z  P  O  Q  A  R  N  L  N  H  L  S  H  G  G
Z  N  A  Y  P  T  K  V  R  F  K  A  F  T  J  F  E  E  S
S  D  M  U  V  S  U  F  E  S  E  Q  A  N  E  D  F  W  Z
U  W  R  P  M  E  N  E  M  K  B  X  E  L  T  D  K  E  I
Y  T  O  P  V  N  I  I  A  N  X  B  U  B  I  T  J  H  T
Q  C  F  C  J  Q  S  M  K  X  E  E  J  Z  U  U  U  R  T
M  G  H  M  H  F  L  A  U  G  L  N  U  B  R  T  T  Q  E
T  G  Q  M  F  I  U  A  R  O  K  C  O  Y  I  L  C  C  R
F  A  M  C  M  U  H  E  S  R  E  T  E  D  N  J  A  I  E
M  A  G  Q  W  K  C  P  B  S  D  O  E  K  A  K  S  Y  R
M  X  W  Z  F  B  Z  W  L  J  K  U  R  N  W  G  U  C  C
```

```
L Z X Y W I I S E R B I E N Z S T R D
F O Y Y W T B E N P H H U T W S K O S
D A F B Q N Z V Y Z G I Y D I X X J P
V K D R I N E Q Y F N R Q D N Y H H M
T F J R A B J X P H U B U E E Y D V K
S Z T E T F T F I R G N A M R U T S
L U F T S C H I F F E M F U H M N W X
T W R F U E W T Z H I K R V W N B K G
W H B F A R C O G C T R K F V H U L C
I L I U N E X R U U A M K J E R X C
F G D A R E S G A R R N N D Q X G X Z
A V I L M Y Z B N B K K I V P Z F Y C
H J Q R I Q N G A S E E O H I Z R K V
X K J E R L U H T U R N I Z Q K I P Q
K N I V V C V T S A S S R N D S E I Z
Y G D T S N U C P V G C F O G O D C U
Y S Q N Y V S O L L N H A F A T E K T
F M Q O G U H N I N A W A K D A N E N
G X S R T H I E T X W E K Q Y C F L C
I D I F P H U K T D Z S N Y F U E H T
X B O T Y S H P E B G T D R V D G A P
Y M Q T J B Q Q R L H E Y B Z R V U G
W C E E N J S S J P M R I G D G U B T
S Q C E M P M C V Q V U G O Z P J E F
```

 **9**

ZWANGSREKRUTIERUNG
KRANKENSCHWESTER
GRANATSPLITTER
STURMANGRIFF
FRONTVERLAUF

BURGFRIEDEN
PICKELHAUBE
LUFTSCHIFFE
AUSBRUCH
SERBIEN

Lösung

```
L Z X Y W I I S E R B I E N Z S T R D
F O Y Y W T B E N P H H U T W S K O S
D A F B Q N Z V Y Z G I Y D I X X J P
V K D R I N E Q Y F N R Q D N Y H H M
T F J R A B J X P H U B U E E Y D V K
S Z T E T F T F F I R G N A M R U T S
L U F T S C H I F F E M F U H M N W X
T W R F U E W T Z H I K R V W N B K G
W H B F A R C O G C T R K F V H U L C
I L I U N E X R U T U A M K J E R X C
F G D A R E S G A R R N D Q X G X Z
A V I L M Y Z B N B K K I V P Z F Y C
H J Q R I Q N G A S E E O H I Z R K V
X K J E R L U H T U R N I Z Q K I P Q
K N I V C V T S A S R N D S E I Z
Y G D T S N U C P V G C F O G O D C U
Y S Q N Y V S O L L N H A F A T E K T
F M Q O G U H N I N A W A K D A N E N
G X S R T H I E T X W E K Q Y C F L C
I D I F P H U K T D Z S N Y F U E H T
X B O T Y S H P E B G T D R V D G A P
Y M Q T J B Q Q R L H E Y B Z R V U G
W C E E N J S S J P M R I G D G U B T
S Q C E M P M C V Q V U G O Z P J E F
```

```
I C R X B W O K Y D N B B K V J U N H
G T R K Y L A U F R U E S T U N G H H Q
R V A E S I E K U U F X J K G V Z I O
E S E L S L P S I Z R V B W G X K D H
N W I A I V E I W D A A R G A H P I B
E Z F G G E R I D A Y U K J J R J H Y
G L W M N M N R A M I R W K S F K M C
N F M G U V G N H P C J F G Q S H Q A
A Z V G T Q Y B E U Q Q N B D J G B L
F H S E I E W C G T X F U K S N U W Q
E A I T E S Z D F A K P L R V I H X J
G P S S L U C T A T O A K G L D O N E
S J S U S A V H X I I V J K T T M W H
G K G L E E E E O O H Y C G L D O K X
E A R R R C R F J N X H U Z L U C F T
I G H E E U D B O E X H A G Q M T R F
R P S V E N U A L N M Q K A M E R A D
K Q G N H Z N B O V C V H W F F Q O N
R Z R E K M I L L U K D B K B Q M J F
N B P P X M U A Z Z N Y K T H H J T T
J R C P T O R P E D O G K T Y Y O A D
V G G U L W J Q E S S R A F M Z S L M
P B K R E U L C V U Q Q H R K O Q E X
K J R T E W B U A R A S A K N T F P O
```

KRIEGSGEFANGENER
TRUPPENVERLUSTE
HEERESLEITUNG
AMPUTATIONEN
KAMERAD

AUFRUESTUNG
TORPEDO
UNGARN
VERDUN
ITALIEN

```
I  C  R  X  B  W  O  K  Y  D  N  B  B  K  V  J  U  N  H
G  T  R  K  Y  L  A  U  F  R  U  E  S  T  U  N  G  H  Q
R  V  A  E  S  I  E  K  U  U  F  X  J  K  G  V  Z  I  O
E  S  E  L  S  L  P  S  I  Z  R  V  B  W  G  X  K  D  H
N  W  I  A  I  V  E  I  W  D  A  A  R  G  A  H  P  I  B
E  Z  F  G  E  R  I  D  A  Y  U  K  J  J  R  J  H  Y
G  L  W  M  N  M  N  R  A  M  I  R  W  K  S  F  K  M  C
N  F  M  G  U  V  G  N  H  P  C  J  F  G  Q  S  H  Q  A
A  Z  V  G  T  Q  Y  B  E  U  Q  Q  N  B  D  J  G  B  L
F  H  S  E  I  E  W  C  G  T  X  F  U  K  S  N  U  W  Q
E  A  I  T  E  S  Z  D  F  A  K  P  L  R  V  I  H  X  J
G  P  S  S  L  U  C  T  A  T  O  A  K  G  L  D  O  N  E
S  J  S  U  S  A  V  H  X  I  I  V  J  K  T  T  M  W  H
G  K  G  L  E  E  E  E  O  H  Y  C  G  L  D  O  K  X
E  A  R  R  E  C  R  F  J  N  X  H  U  Z  L  U  C  F  T
I  G  H  E  E  U  D  B  O  E  X  H  A  G  Q  M  T  R  F
R  P  S  V  E  N  U  A  L  N  M  Q  K  A  M  E  R  A  D
K  Q  G  N  H  Z  N  B  O  V  C  H  W  F  F  Q  O  N
R  Z  R  E  K  M  I  L  L  U  K  D  B  K  B  Q  M  J  F
N  B  P  P  X  M  U  A  Z  Z  N  Y  K  T  H  H  J  T  T
J  R  C  P  T  O  R  P  E  D  O  G  K  T  Y  Y  O  A  D
V  G  G  U  L  W  J  Q  E  S  S  R  A  F  M  Z  S  L  M
P  B  K  R  E  U  L  C  V  U  Q  Q  H  R  K  O  Q  E  X
K  J  R  T  E  W  B  U  A  R  A  S  A  K  N  T  F  P  O
```

```
K D T K Z I X W G L K O C J E O U T X
W G V E R W U N D U N G O T A M I E H
B W R J R S W M Y E I N I L T N O R F
S D J R I E A Y E F T B K K D B S Z G
S W Z Z S S S Q R L L R O N D V Y M J
Q C D Q U V M E G Q N O S H G X H D M
W F S L G Y H L R V V V W E V E V W B
R Z P C S P T C U V A Z X O A T T I K
L Z W T D L A D E H E M M U N G E E B
A W S T F W X M N S R D H M Z J H I U
T K D G S G Z G H T L R I Z D S O Q S
R Y R A X A P V E E W E P V X D Z C W
I O S V D M M S E D M J D R I H G S A
N O I T K U D O R P S G N U T S E U R
E Y C B E L R U E Y K S S V N V I N B
N P L E M Q H S N W V K F E B E O E
P R Y E V X E P L Y K C D T K R T D N
A O V D I O W J E P A T M P T Z S Y Z
R N Y A H C E E I X L R I X A T R U A
O Z S Q H F G W T K K A B G E G E L Y
L P F Y T F J T U E X W I I K K B V Z
E H L R M C C Q N T V X J H S S O Y R
J S A R R J F D G G L L N U O U S K O
S C H L A C H T F E L D H E Q O E K B
```

11

OBERSTE HEERESLEITUNG   LADEHEMMUNG

RUESTUNGSPRODUKTION   VERWUNDUNG

RESERVEDIVISION   FRONTLINIE

LATRINENPAROLE   GEWEHR

SCHLACHTFELD   HEIMAT

Lösung

```
K D T K Z I X W G L K O C J E O U T X
W G V E R W U N D U N G O T A M I E H
B W R J R S W M Y E I N I L T N O R F
S D J R I E A Y E F T B K K D B S Z G
S W Z Z Z S Q R L L R O N D V Y M J
Q C D Q U V M E G Q N O S H G X H D M
W F S L G Y H L R V V V W E V E W B
R Z P C S P T C U V A Z X O A T T I K
L Z W T D L A D E H E M M U N G E E B
A W S T F W X M N S R D H M Z J H I U
T K D G S G Z G H T L R I Z D S O Q S
R Y R A X A P V E E W E P V X D Z C W
I O S V D M M S E E D M J D R I H G S A
N O I T K U D O R P S G N U T S E U R
E Y C B E L R U E Y K S S V N V I N B
N P L E M Q H V S N W V K F E B E O E
P R Y E V X E P L Y K C D T K R T D N
A O V D I O W J E P A T M P T Z S Y Z
R N Y A H C E E I X L R I X A T R U A
O Z S Q H F G W T K K A B G E G E L Y
L P F Y T F J T U E X W I I K K B V Z
E H L R M C C Q N T V X J H S S O Y R
J S A R R J F D G G L L N U O U S K O
S C H L A C H T F E L D H E Q O E K B
```

```
O F X Y O K W L M T Z U U T S V X O J
D W K I I I E I O Z G J U B G H R T J
N H O J F T L N A V I H X V P F A B I
A Q R U L I T I I Q V W C J F L K R K
M Z M Q A L K D O P S T D C R Q W E L
M A U B G O R E Q D C Q O E E Q P E N
O U R N R P I Z H G V T T X O L S A S
K E T B E S E A N N G T J G G N R O L
S G Y N B G G H Z K E Q F H E O Z B X
T W K A D E F E N A S U R T I R J Y L
R C C H D I T E L F J D A G G Z W F P
H C M C E R J B T E N N L E E L G T H
A N J B Q K G Z M D A U N I N H W G N
F P C R S U C D E R D E G R E L K Y I
L B S G L Y D U G E Q V N K R N R V S
E D I F Y N Q S N R V C U T A Z U C E
M V B E K H A D L N L G G F L O O D Q
M X K O G G O L Y M J Y R U N R L P O
I X J B P R P Y Z K W F O L E J Z T K
H V S B F M Q S P N U E S G G J S Y W
U O Y F J P K W N C P Z R V U O T G Z
R G L C U M E F C T M B E G Y I Q Y Z
L Z R E B W U M M E R N V O F Y P P Y
L N N T H C A M R E B E U V K V E Z N
```

12

HIMMELFAHRTSKOMMANDO
GENERAL LUDENDORFF
KRIEGSPOLITIK
FLUGBLAETTER
GASGRANATEN

UEBERMACHT
VERSORGUNG
LUFTKRIEG
WELTKRIEG
WUMMERN

Lösung

```
O F X Y O K W L M T Z U U T S V X O J
D W K I I E I O Z G J U B G H R T J
N H O J F T L N A V I H X V P F A B I
A Q R U L I T I I Q V W C J F L K R K
M Z M Q A L K D O P S T D C R Q W E L
M A U B G O R E Q D C Q O E E Q P E N
O U R N R P I Z H G V T T X O L S A S
K E T B E S E A N N G T J G G N R O L
S G Y N B G H Z K E Q F H E O Z B X
T W K A D E F E N A S U R T I R J Y L
R C C H D I T E L F J D A G G Z W F P
H C M C E R J B T E N N L E E L G T H
A N J B Q K G Z M D A U N I N H W G N
F P C R S U C D E R D E G R E L K Y I
L B S G L Y D U G E Q V N K R N R V S
E D I F Y N Q S N R V C U T A Z U C E
M V B E K H A D L N L G G F L O O D Q
M X K O G G O L Y M J Y R U N R L P O
I X J B P R P Y Z K W F O L E J Z T K
H V S B F M Q S P N U E S G G J S Y W
U O Y F J P K W N C P Z R V U O T G Z
R G L C U M E F C T M B E G Y I Q Y Z
L Z R E B W U M M E R N V O F Y P P Y
L N N T H C A M R E B E U V K V E Z N
```

```
W F A X J M V W S F O G A E R T P X K
J D I A I V A Z C Y E T Q M R P M Z Z
V N J X L Y Y N Y I Z G B M T V D B T
C U B O O T N T R E M H V Q V E N S C
V L G X P E F K S W M A U N C N R K W
H I Y C H P M H C W K I T K G A T Z K
S M N E K R U J F S K F U S O K K N A
T N G D R D D A H M X N B N L D R R H
A R S U I B L X K R G Z U R F Q V U W
H O P M E Z Q Q G E H J N O G X C H Y
L Z L Y G X I F Z U E T C I F J U K B
H Z E O S P V E I E U F U V B J F N T
E Y P X V N U I G F B P M I X R A E N
L M V A E M Y N C L A X W T U R F O D
M L N T R L U D W E U X K Y E M A F Y
H G D S B E C E T M L W F T I D P L Y
O L A O R S W E A M I M E H Y Y E U Y
Z F Z C E U F E D O R V H K B L J D S
L H W J C R P Q E R G K V F B Y T U K
Z W H S H Y G O W T L N R Y T K M Z I
U Y Y H E B Q B U A L R U T N O R F J
E N T E N T E S T W A E O X Q P Q A T
J N J A H V E X G E B U N K E R B I V
A S S N W R W G Z B Z Q Y I S R M Q J
```

13

IN DECKUNG GEHEN
KRIEGSVERBRECHEN
TROMMELFEUER
UBOOT KRIEG
FRONTURLAUB

STAHLHELM
VETERAN
ENTENTE
BUNKER
FEINDE

Lösung

```
W  F  A  X  J  M  V  W  S  F  O  G  A  E  R  T  P  X  K
J  D  I  A  I  V  A  Z  C  Y  E  T  Q  M  R  P  M  Z  Z
V  N  J  X  L  Y  Y  N  Y  I  Z  G  B  M  T  V  D  B  T
C  U  B  O  O  T  N  T  R  E  M  H  V  Q  V  E  N  S  C
V  L  G  X  P  E  F  K  S  W  M  A  U  N  C  N  R  K  W
H  I  Y  C  H  P  M  H  C  W  K  I  T  K  G  A  T  Z  K
S  M  N  E  K  R  U  J  F  S  K  F  U  S  O  K  K  N  A
T  N  G  D  R  D  D  A  H  M  X  N  B  N  L  D  R  R  H
A  R  S  U  I  B  L  X  K  R  G  Z  U  R  F  Q  V  U  W
H  O  P  M  E  Z  Q  Q  G  E  H  J  N  O  G  X  C  H  Y
L  Z  L  Y  G  X  I  F  Z  U  E  T  C  I  F  J  U  K  B
H  Z  E  O  S  P  V  E  I  E  U  F  U  V  B  J  F  N  T
E  Y  P  X  V  N  U  I  G  F  B  P  M  I  X  R  A  E  N
L  M  V  A  E  M  Y  N  C  L  A  X  W  T  U  R  F  O  D
M  L  N  T  R  L  U  D  W  E  U  X  K  Y  E  M  A  F  Y
H  G  D  S  B  E  C  E  T  M  L  W  F  T  I  D  P  L  Y
O  L  A  O  R  S  W  E  A  M  I  M  E  H  Y  Y  E  U  Y
Z  F  Z  C  E  U  F  E  D  O  R  V  H  K  B  L  J  D  S
L  H  W  J  C  R  P  Q  E  R  G  K  V  F  B  Y  T  U  K
Z  W  H  S  H  Y  G  O  W  T  L  N  R  Y  T  K  M  Z  I
U  Y  Y  H  E  B  Q  B  U  A  L  R  U  T  N  O  R  F  J
E  N  T  E  N  T  E  S  T  W  A  E  O  X  Q  P  Q  A  T
J  N  J  A  H  V  E  X  G  E  B  U  N  K  E  R  B  I  V
A  S  S  N  W  R  W  G  Z  B  Z  Q  Y  I  S  R  M  Q  J
```

T	V	L	C	E	D	W	K	R	D	O	B	W	C	F	V	Z	H	X
T	E	L	P	F	Y	X	L	K	J	E	W	K	V	M	E	R	B	H
L	R	C	L	B	T	J	D	G	N	O	U	R	F	Z	D	A	G	U
Y	Y	H	K	B	F	L	C	O	Q	J	H	L	F	L	L	I	W	S
P	Y	Z	K	F	L	S	N	J	D	M	K	C	D	G	R	R	D	V
X	T	T	W	W	W	A	N	X	N	B	L	G	A	T	S	F	I	I
L	L	H	N	S	K	N	O	L	T	P	U	J	D	K	R	F	E	E
Y	T	S	J	O	M	A	R	S	C	H	I	E	R	E	N	C	X	W
A	V	T	K	E	R	B	E	D	E	U	M	S	G	E	I	R	K	Q
G	Y	W	T	E	Y	F	O	C	J	W	O	J	N	W	G	F	A	U
A	O	Z	E	M	T	O	T	M	D	C	P	C	R	E	K	I	Q	Q
A	Y	Z	B	A	T	B	X	A	B	W	V	F	N	I	S	U	S	A
T	O	G	Y	D	K	M	B	O	M	E	J	P	D	Z	K	T	Q	D
K	N	H	S	C	Z	M	X	M	Y	I	N	Z	E	K	G	X	R	Q
K	J	M	F	N	B	P	Q	F	E	Q	E	A	V	N	E	Q	O	X
I	T	R	F	K	A	R	Z	D	T	D	Z	H	E	Y	G	Y	J	D
W	J	R	E	T	E	A	T	I	N	A	S	P	K	B	J	N	M	V
D	X	U	J	C	T	K	C	L	I	Y	G	T	S	V	M	H	E	W
Q	Y	K	V	N	U	N	D	M	O	B	P	C	A	Y	M	V	A	T
N	W	E	K	A	L	F	O	A	T	S	J	B	M	D	K	L	H	T
K	L	P	R	E	V	G	Y	C	K	Z	U	Z	S	Q	R	S	Y	V
A	Q	K	F	E	H	H	D	G	K	N	Q	E	A	S	A	Y	T	F
Q	M	A	D	X	M	I	L	I	T	A	E	R	G	H	S	P	N	H
N	R	K	B	A	P	D	V	S	D	T	D	H	N	V	K	P	Y	H

HEIMATFRONT
KRIEGSMUEDE
MARSCHIEREN
SANITAETER
MILITAER

GASMASKE
KANONE
BOMBEN
FLAK
USA

29

Lösung

```
T  V  L  C  E  D  W  K  R  D  O  B  W  C  F  V  Z  H  X
T  E  L  P  F  Y  X  L  K  J  E  W  K  V  M  E  R  B  H
L  R  C  L  B  T  J  D  G  N  O  U  R  F  Z  D  A  G  U
Y  Y  H  K  B  F  L  C  O  Q  J  H  L  F  L  L  I  W  S
P  Y  Z  K  F  L  S  N  J  D  M  K  C  D  G  R  R  D  V
X  T  T  W  W  W  A  N  X  N  B  L  G  A  T  S  F  I  I
L  L  H  N  S  K  N  O  L  T  P  U  J  D  K  R  F  E  E
Y  T  S  J  O  M  A  R  S  C  H  I  E  R  E  N  C  X  W
A  V  T  K  E  R  B  E  D  E  U  M  S  G  E  I  R  K  Q
G  Y  W  T  E  Y  F  O  C  J  W  O  J  N  W  G  F  A  U
A  O  Z  E  M  T  O  T  M  D  C  P  C  R  E  K  I  Q  Q
A  Y  Z  B  A  T  B  X  A  B  W  V  F  N  I  S  U  S  A
T  O  G  Y  D  K  M  B  O  M  E  J  P  D  Z  K  T  Q  D
K  N  H  S  C  Z  M  X  M  Y  I  N  Z  E  K  G  X  R  Q
K  J  M  F  N  B  P  Q  F  E  Q  E  A  V  N  E  Q  O  X
I  T  R  F  K  A  R  Z  D  T  D  Z  H  E  Y  G  Y  J  D
W  J  R  E  T  E  A  T  I  N  A  S  P  K  B  J  N  M  V
D  X  U  J  C  T  K  C  L  I  Y  G  T  S  V  M  H  E  W
Q  Y  K  V  N  U  N  D  M  O  B  P  C  A  Y  M  V  A  T
N  W  E  K  A  L  F  O  A  T  S  J  B  M  D  K  L  H  T
K  L  P  R  E  V  G  Y  C  K  Z  U  Z  S  Q  R  S  Y  V
A  Q  K  F  E  H  H  D  G  K  N  Q  E  A  S  A  Y  T  F
Q  M  A  D  X  M  I  L  I  T  A  E  R  G  H  S  P  N  H
N  R  K  B  A  P  D  V  S  D  T  D  H  N  V  K  P  Y  H
```

```
A Y Z D P C J W O N Y T Y W J J X G G
M L E M E W Y V K Z F S A N L F O O Z
U R W O J V E V R J I P Y T S J U Y P
A F T V C J X F I J V M Y R N U Y Y N
R L E G A L N Z E V G G L F L E F V I
T Q J R D V K L G X B L B E L O T F R
N U A F K X P R S C L C F J H R F T U
E S G X R Y U Q P N I L W B J L I F A
B K E T I E W Z M N M X G P M I K E
A L Q H E F M P A G D O J I G E V W T
R P M Q G J Q Z N L G B U C I X S T T
G U Z K S B W W I T A I W P W W K Z O
N Y F A G E S N K Q E L G A N V W L L
E B P I E D U A M G N M F A H M D B F
Z Z P S F K L Z I P G A R R N U B O S
T D H E A N Y K P Z E C A Z Z P N G G
E D V R N U T X D F R H B B X Z D K E
U G D X G E N W X C J U H S E E V H I
H M C R E J U C S P Q N B P A T Z X R
C Q T H D D M S B Q G N I H R T M K
S C Y C E I S D Z Z U Y M C D A Y Y D
G P H Y Z P F K R I E G S T A K T I K
A N O V N Z P X Y R R Q A V X T I L Q
N Q Y R C E G X W G K H G V L I Y H L
```

Lösung

```
A Y Z D P C J W O N Y T Y W J J X G G
M L E M E W Y V K Z F S A N L F O O Z
U R W O J V E V R J I P Y T S J U Y P
A F T V C J X F I J V M Y R N U Y Y N
R L E G A L N Z E V G G L F L E F V I
T Q J R D V K L G X B L B E L O T F R
N U A F K X P R S C L C F J H R F T U
E S G X R Y U Q P N I L W B J L I F A
B K E T I E W Z L M N M X G P M I K E
A L Q H E F M P A G D O J I G E V W T
R P M Q G J Q Z N L G B U C I X S T T
G U Z K S B W W I T A I W P W W K Z O
N Y F A G E S N K Q E L G A N V W L L
E B P I E D U A M G N M F A H M D B F
Z Z P S F K L Z I P G A R R N U B O S
T D H E A N Y K P Z E C A Z Z P N G G
E D V R N U T X D F R H B B X Z D K E
U G D X G E N W X C J U H S E E V H I
H M C R E J U C S P Q N B P A T Z X R
C Q T H N D D M S B Q G N I H R T M K
S C Y C E I S D Z Z U Y M C D A Y Y D
G P H Y Z P F K R I E G S T A K T I K
A N O V N Z P X Y R R Q A V X T I L Q
N Q Y R C E G X W G K H G V L I Y H L
```

```
T I B O P K A O D M E N W T F L R Y M
L O P U G N K F T V C J C Y H M R U F
N W L S M N C R I W Z G C V V I P B F
B C E J S V M C T B T V N S W N S O P
S G T S E A C M G O Q R M V U E I O K
R N O Q J G B J O M P A X B C N N T D
U U H R Y N B I X B K I J T C D B X I
N W T W W U M I M A A V U Z H Y E S V
T A B Y Z B S Z N R I W P A O Q L S D
E C F C K E Z O L D S T G U Q V R J M
R E C N H I S I S I T A T V G O E G K
S S X K A H U L R E C Y Y S B E T U Y
T F G Q Q C R Z U R J X N W R P S Q D
A L F E I S S M S U J B Y F F A U T X
N E P P C R M M S N G H T G V K G D K
D I O I G E R S L G T L D S W J U W D
O D C J S V O Q A F E H I Y B U A O M
N E I E F T F D N R Y D P P U R C Y V
Z N J C K N I X D V B S M T Q B S O F
O T A W F O N C U E Q Q B W F V E A Y
S T E C K R U E B E N W I N T E R A X
X P Y D M F C C Q J C U U Q T X K C S
I X I K T P Q L A Z R H I N O N R A I
Z J B T Q O S W H F P K L N P O B W A
```

16

STECKRUEBENWINTER
FRONTVERSCHIEBUNG
AUGUSTERLEBNIS
BOMBARDIERUNG
UNTERSTAND

RUSSLAND
UNIFORM
LEIDEN
MINEN
UBOOT

Lösung

```
T  I  B  O  P  K  A  O  D  M  E  N  W  T  F  L  R  Y  M
L  O  P  U  G  N  K  F  T  V  C  J  C  Y  H  M  R  U  F
N  W  L  S  M  N  C  R  I  W  Z  G  C  V  V  I  P  B  F
B  C  E  J  S  V  M  C  T  B  T  V  N  S  W  N  S  O  P
S  G  T  S  E  A  C  M  G  O  Q  R  M  V  U  E  I  O  K
R  N  O  Q  J  G  B  J  O  M  P  A  X  B  C  N  N  T  D
U  U  H  R  Y  N  B  I  X  B  K  I  J  T  C  D  B  X  I
N  W  T  W  W  U  M  I  M  A  A  V  U  Z  H  Y  E  S  V
T  A  B  Y  Z  B  S  Z  N  R  I  W  P  A  O  Q  L  S  D
E  C  F  C  K  E  Z  O  L  D  S  T  G  U  Q  V  R  J  M
R  E  C  N  H  I  S  I  S  I  T  A  T  V  G  O  E  G  K
S  S  X  K  A  H  U  L  R  E  C  Y  Y  S  B  E  T  U  Y
T  F  G  Q  Q  C  R  Z  U  R  J  X  N  W  R  P  S  Q  X
A  L  F  E  I  S  S  M  S  U  J  B  Y  F  F  A  U  T  X
N  E  P  P  C  R  M  M  S  N  G  H  T  G  V  K  G  D  K
D  I  O  I  G  E  R  S  L  G  T  L  D  S  W  J  U  W  D
O  D  C  J  S  V  O  Q  A  F  E  H  I  Y  B  U  A  O  M
N  E  I  E  F  T  F  D  N  R  Y  D  P  P  U  R  C  Y  V
Z  N  J  C  K  N  I  X  D  V  B  S  M  T  Q  B  S  O  F
O  T  A  W  F  O  N  C  U  E  Q  Q  B  W  F  V  E  A  Y
S  T  E  C  K  R  U  E  B  E  N  W  I  N  T  E  R  A  X
X  P  Y  D  M  F  C  C  Q  J  C  U  U  Q  T  X  K  C  S
I  X  I  K  T  P  Q  L  A  Z  R  H  I  N  O  N  R  A  I
Z  J  B  T  Q  O  S  W  H  F  P  K  L  N  P  O  B  W  A
```

```
G E E G C Y I X D W C H E T H X X L P
A O W I R Z P L E H I Z C T F E Q U K
S F T S Y C I C K G M C P R H U N W T
Y A I C K K T F W Z S B B U S W L L P
T T W R V D N Q U E W A O P M Y E P J
I W S A G C X R R T M B S P W O C C K
K Z G Q O V E E J D D R F E W X O S X
K E E L Z K W N P X E C N K K L T M
P X I M G H N Z L D C T Z B R G W O K
X K R E C Q Q E U N T T F E I F T S E
K Q K S O L E B F C E A X W E D X M W
I S E D N G C E H U J R G E G E H L G
B E T J D M E E H R G E T G S Q B G H
H O H P X U C C D H O G O U G C O F A
X G C X E Y S W K E Z E D N R V L E U
W F E S M E O X I E A I F G U N C L H
B A A Y G S L C P Q Z L W B N L Q D C
T I M I E N Z P P T U F A A D J D P W
R P L Y K J E L R R K G Y Y S A Q O Z
Q T E Q C L G R F E N D J C W H G S H
A O T A I M V H O Q B A J F M B J T A
C A T N D G V R H F Q J R V Y X I R O
N B I T Q X T C I U U R B F R A K A X
S B M F W X E Y E J D E R E Z N A P M
```

17

SCHWERES GESCHUETZ   KRIEGSGRUND
TRUPPENBEWEGUNG   DICKE LUFT
MITTELMAECHTE   FELDPOST
KRIEGSWITWE   ZEPPELIN
JADGFLIEGER   PANZER

Lösung

```
G  E  E  G  C  Y  I  X  D  W  C  H  E  T  H  X  X  L  P
A  O  W  I  R  Z  P  L  E  H  I  Z  C  T  F  E  Q  U  K
S  F  T  S  Y  C  I  C  K  G  M  C  P  R  H  U  N  W  T
Y  A  I  C  K  K  T  F  W  Z  S  B  B  U  S  W  L  L  P
T  T  W  R  V  D  N  Q  U  E  W  A  O  P  M  Y  E  P  J
I  W  S  A  G  C  X  R  R  T  M  B  S  P  W  O  C  C  K
K  Z  G  Q  O  V  E  E  J  D  D  R  F  E  W  X  O  S  X
K  E  E  L  Z  K  W  N  P  X  E  P  C  N  K  K  L  T  M
P  X  I  M  G  H  N  Z  L  D  C  T  Z  B  R  G  W  O  K
X  K  R  E  C  Q  Q  E  U  N  T  T  F  E  I  F  T  S  E
K  Q  K  S  O  L  E  B  F  C  E  A  X  W  E  D  X  M  W
I  S  E  D  N  G  C  E  H  U  J  R  G  E  G  E  H  L  G
B  E  T  J  D  M  E  E  H  R  G  E  T  G  S  Q  B  G  H
H  O  H  P  X  U  C  C  D  H  O  G  O  U  G  C  O  F  A
X  G  C  X  E  Y  S  W  K  E  Z  E  D  N  R  V  L  E  U
W  F  E  S  M  E  O  X  I  E  A  I  F  G  U  N  C  L  H
B  A  A  Y  G  S  L  C  P  Q  Z  L  W  B  N  L  Q  D  C
T  I  M  I  E  N  Z  P  P  T  U  F  A  A  D  J  D  P  W
R  P  L  Y  K  J  E  L  R  R  K  G  Y  Y  S  A  Q  O  Z
Q  T  E  Q  C  L  G  R  F  E  N  D  J  C  W  H  G  S  H
A  O  T  A  I  M  V  H  O  Q  B  A  J  F  M  B  J  T  A
C  A  T  N  D  G  V  R  H  F  Q  J  R  V  Y  X  I  R  O
N  B  I  T  Q  X  T  C  I  U  U  R  B  F  R  A  K  A  X
S  B  M  F  W  X  E  Y  E  J  D  R  E  Z  N  A  P  M
```

```
T H E I M K E H R F Z N U R K W K C E
D O R M D T G Q U S O D G I C I E Q D
T Y L E G K S T Y H Z K N D F T C M G
K O I O T P H C B A S T U K S T H J G
D K T S J T S G E V K O D L K X B A B
U Y O R S P U H H M J Y N A P Q E M R
G C W C E D R F T V R S I R J H O B K
T J S Y A G C R N F G U L E L P T J X
R Z K A V F N Z R E J S B N B E L E R
K P R M M L L U W R N E R E R S G B W
H K U O E E L L H D I O E G Y T G P F
X Y X N N L C V F G W H N J J A R S K
K Y Z Y X Z D E G R A B Y A C C E A K
Z G H I N H M E R I W J D Y K H A L F
B N D B N Q A E G R F C U V P E U G O
R E Z V Y L C A R A O T L Y O L R N D
E D M D O C U T G R E S G X F D A R K
S E G D J U Q E L N K N E A B R M E M
T I Y N S F I Z L D O K G Q S A M F F
T R V M H R V J I Q D E J E Y H G P C
N F V K W K O J B E Z X I H R T N R Q
C O Q B W H E I E J M S G W I R Y F O
N U C S V Y B R Z L Y M T I A Q M A J
T R O R L S W B U P B H M O I M U J X
```

FRIEDEN VON BREST LITOWSK   **HUNGERTOT**
KANONENFUTTER   **FERNGLAS**
MELDEGAENGER   **HEIMKEHR**
STACHELDRAHT   **GENERAL**
ERBLINDUNG   **GIFTGAS**

Lösung

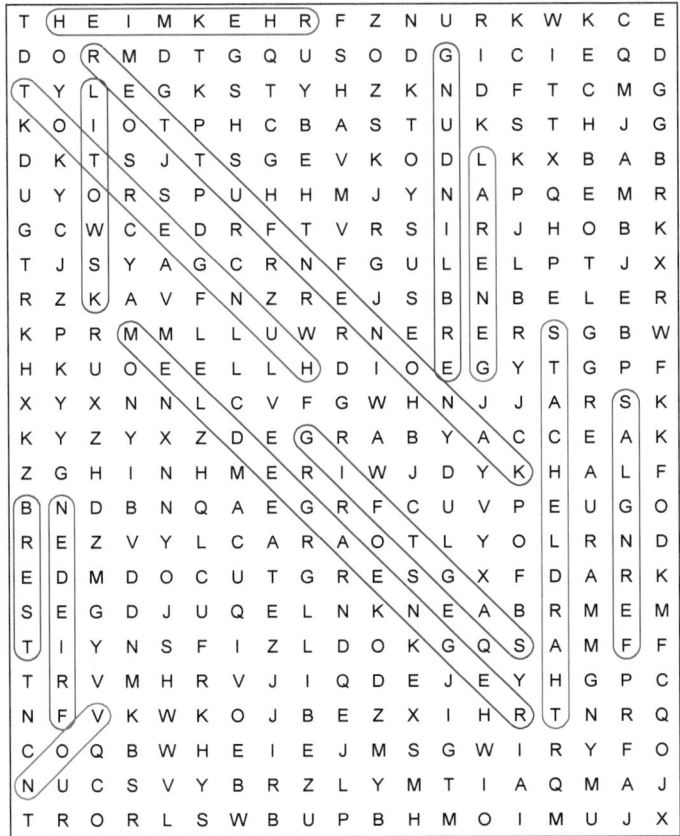

```
N X T M W D N G B Y U B A P J R L H R
E W V I K G P A A F M D O G H R M C T
G H Q V G M Q T O V L G Q H O W G O W
N P A J W L X X A N Q C V P P D D M V
U G E F A N G E N S C H A F T N I W Y
R R P T N U E R N B E R G E R A B X X
E U C R I F Y N C T I M N R R L O G G
D B I K O E S X W X X C E D P H C E E
N L X K X Z H T X D Q M W B G C X I I
A P J H Y V E O W Q U L G X L S T R R
W F B O I P S S H E M Q C A I T B K K
R F P K Q L V K S T H D I K T U E N S
E I J N K A Q V Z J F R L M O E S E G
K W W L Z R A N S R R U M C Q D K T N
L Q W Q X U V L R S U T L A Z R D N U
E F C R K I E H T G N O V D C N D O T
O W N N M V I R V V Y O R Z L H B R H
V T D G Y O E K K Y P B B L C L T F C
F H J D C I S R Z N O U P F O L U L I
M X J A H J T A L V E X D C S B U E N
M T J E F K Z I K U X K K J N Q I I R
B C B C P X U A Z U S A A J Y C A V E
K L Q C M Y H T T A D T H H Y V L E V
D Q X K C D X G L E N G N Q U L B U T
```

UBOOT BLOCKADE
VIELFRONTENKRIEG
VERLUST LUFTHOHEIT
VERNICHTUNGSKRIEG
VOELKERWANDERUNGEN

NUERNBERGER PROZESS
NAZI DEUTSCHLAND
GEFANGENSCHAFT
HAKENKREUZ
WEHRMACHT

Lösung

```
N  X  T  M  W  D  N  G  B  Y  U  B  A  P  J  R  L  H  R
E  W  V  I  K  G  P  A  A  F  M  D  O  G  H  R  M  C  T
G  H  Q  V  G  M  Q  T  O  V  L  G  Q  H  O  W  G  O  W
N  P  A  J  W  L  X  X  A  N  Q  C  V  P  P  D  D  M  V
U  G  E  F  A  N  G  E  N  S  C  H  A  F  T  N  I  W  Y
R  R  P  T  N  U  E  R  N  B  E  R  G  E  R  A  B  X  X
E  U  C  R  I  F  Y  N  C  T  I  M  N  R  R  L  O  G  G
D  B  I  K  O  E  S  X  W  X  X  C  E  D  P  H  C  E  E
N  L  X  K  X  Z  H  T  X  D  Q  M  W  B  G  C  X  I  I
A  P  J  H  Y  V  E  O  W  Q  U  L  G  X  L  S  T  R  R
W  F  B  O  I  P  S  S  H  E  M  Q  C  A  I  T  B  K  K
R  F  P  K  Q  L  V  K  S  T  H  D  I  K  T  U  E  N  S
E  I  J  N  K  A  Q  V  Z  J  F  R  L  M  O  E  S  E  G
K  W  W  L  Z  R  A  N  S  R  R  U  M  C  Q  D  K  T  N
L  Q  W  Q  X  U  V  L  R  S  U  T  L  A  Z  R  D  N  U
E  F  C  R  K  I  E  H  T  G  N  O  V  D  C  N  D  O  T
O  W  N  N  M  V  I  R  V  V  Y  O  R  Z  L  H  B  R  H
V  T  D  G  Y  O  E  K  K  Y  P  B  B  L  C  L  T  F  C
F  H  J  D  C  I  S  R  Z  N  O  U  P  F  O  L  U  L  I
M  X  J  A  H  J  T  A  L  V  E  X  D  C  S  B  U  E  N
M  T  J  E  F  K  Z  I  K  U  X  K  K  J  N  Q  I  I  R
B  C  B  C  P  X  U  A  Z  U  S  A  A  J  Y  C  A  V  E
K  L  Q  C  M  Y  H  T  T  A  D  T  H  H  Y  V  L  E  V
D  Q  X  K  C  D  X  G  L  E  N  G  N  Q  U  L  B  U  T
```

```
O Z E O V E R L O R D U B A T U R A K
X U W Q A K A U G G Q K C C S F F F K
O D R V C K F E L A T O T I U Z C O Q
P H S E E B L O C K A D E F A T M X Y
E S R W X A D O K L U A H J C O T E S
R P E B Z B V R W F R I M C O R R G A
A X D Q G I E M A N H B B Z L G A Z T
T N H B Z N J R K B F K U V O A F Z L
I R D M I Q G O M T V Q O N H U H I A
O E F L S T N Q U V V N I Q W B K V J
N A R O G F O S F R E J Q W Q W I J T
G E I A E K L U F T W A F F E O Y Z O
B O M R Q L N Z Q E G I C G Q D A Z B
O Z E X K F O R A A E S X G B U H M A
J N I Y G R E B N E F F U A T S V O N
Z N I C H T A N G R I F F S P A K T K
O B O N Z G F M W E I Q W R M T M C V
J K H O X W I D E R S T A N D I N Q C
R E K N U B R E R H E U F D V A Z C A
E X M D F F T W X B T T G U A R O Y A
W X U M G J C A L H I T Q L R A F Q F
N O Y G P S C E J V S B X M U D E A V
L N I P P Z A G H A H H A V V P P B L
C G N U H C A M L I B O M I N O O P N
```

2

- HOLOCAUST
- SEEBLOCKADE
- TORGAU AN DER ELBE
- BERLINER FUEHRERBUNKER
- VON STAUFFENBERG WIDERSTAND
- TOTALE MOBILMACHUNG
- KONFERENZ VON JALTA
- OPERATION OVERLORD
- NICHTANGRIFFSPAKT
- LUFTWAFFE

Lösung

```
O Z E O V E R L O R D U B A T U R A K
X U W Q A K A U G G Q K C C S F F F K
O D R V C K F E L A T O T I U Z C O Q
P H S E E B L O C K A D E F A T M X Y
E S R W X A D O K L U A H J C O T E S
R P E B Z B V R W F R I M C O R R G A
A X D Q G I E M A N H B B Z L G A Z T
T N H B Z N J R K B F K U V O A F Z L
I R D M I Q G O M T V Q O N H U H I A
O E F L S T N Q U V V N I Q W B K V J
N A R O G F O S F R E J Q W Q W I J T
G E I A E K L U F T W A F F E O Y Z O
B O M R Q L N Z Q E G I C G Q D A Z B
O Z E X K F O R A A E S X G B U H M A
J N I Y G R E B N E F F U A T S V O N
Z N I C H T A N G R I F F S P A K T K
O B O N Z G F M W E I Q W R M T M C V
J K H O X W I D E R S T A N D I N Q C
R E K N U B R E R H E U F D V A Z C A
E X M D F F T W X B T T G U A R O Y A
W X U M G J C A L H I T Q L R A F Q F
N O Y G P S C E J V S B X M U D E A V
L N I P P Z A G H A H H A V V P P B L
C G N U H C A M L I B O M I N O O P N
```

L	W	J	N	H	F	K	Z	H	U	N	L	H	B	F	H	D	F	W
L	B	G	K	Z	R	L	E	Y	E	K	P	R	D	J	J	W	Y	X
M	S	I	H	I	E	P	I	Z	U	I	F	E	D	S	W	S	W	K
F	J	L	E	O	G	T	Z	U	J	X	D	K	A	S	Z	O	E	M
F	T	G	G	A	P	J	N	X	E	R	Q	N	T	A	I	V	H	B
A	B	P	H	N	C	S	P	V	A	S	Z	U	H	P	U	E	R	X
E	Q	Z	S	I	L	W	F	U	B	J	P	B	C	G	M	R	G	I
T	N	O	R	F	T	S	E	W	J	B	J	A	A	N	C	N	P	Q
Z	C	I	Q	E	I	X	G	R	P	A	M	D	M	E	K	I	F	S
T	J	U	V	Z	Q	E	T	E	G	U	S	B	S	S	A	C	D	Y
O	X	D	D	E	I	B	H	F	J	Z	K	W	G	G	P	H	V	C
O	G	M	I	S	S	X	C	W	X	U	D	D	N	N	I	T	F	S
B	M	P	D	F	N	O	A	H	U	V	E	M	U	U	T	U	Q	Z
U	C	N	E	U	P	L	L	F	L	K	B	S	Z	G	U	N	R	Z
D	E	F	V	Z	J	R	H	S	T	V	S	M	T	R	L	G	J	I
S	N	X	Y	I	P	I	C	E	G	P	N	I	A	O	A	S	I	F
V	U	A	E	E	Y	S	Q	L	N	U	X	S	S	T	L	H	I
H	W	H	L	D	F	K	R	C	E	I	U	O	E	R	I	A	Y	Q
N	U	E	D	R	K	G	E	O	B	N	Q	G	B	E	O	G	L	C
F	R	B	W	D	E	M	Z	H	P	K	W	E	N	V	N	E	F	U
Y	D	A	Y	B	E	T	N	O	L	E	I	N	S	I	Q	R	B	M
D	E	L	Y	S	U	B	A	Z	L	W	O	P	J	T	D	Z	W	N
H	B	K	J	A	J	U	P	V	V	N	E	I	Z	G	A	E	S	P
G	N	U	G	I	D	I	E	T	R	E	V	A	Q	G	S	F	B	A

BUNKER BEDINGUNGSLOSE KAPITULATION
ENDSIEG VERTEIDIGUNG VATERLAND
WESTFRONT VERSORGUNGSENGPASS
UBOOT KRIEG VERNICHTUNGSLAGER
PANZERSCHLACHT BESATZUNGSMACHT

Lösung

```
L  W  J  N  H  F  K  Z  H  U  N  L  H  B  F  H  D  F  W
L  B  G  K  Z  R  L  E  Y  E  K  P  R  D  J  J  W  Y  X
M  S  I  H  I  E  P  I  Z  U  I  F  E  D  S  W  S  W  K
F  J  L  E  O  G  T  Z  U  J  X  D  K  A  S  Z  O  E  M
F  T  G  G  A  P  J  N  X  E  R  Q  N  T  A  I  V  H  B
A  B  P  H  N  C  S  P  V  A  S  Z  U  H  P  U  E  R  X
E  Q  Z  S  I  L  W  F  U  B  J  P  B  C  G  M  R  G  I
T  N  O  R  F  T  S  E  W  J  B  J  A  A  N  C  N  P  Q
Z  C  I  Q  E  I  X  G  R  P  A  M  D  M  E  K  I  F  S
T  J  U  V  Z  Q  E  T  E  G  U  S  B  S  S  A  C  D  Y
O  X  D  D  E  I  B  H  F  J  Z  K  W  G  G  P  H  V  C
O  G  M  I  S  S  X  C  W  X  U  D  D  N  N  I  T  F  S
B  M  P  D  F  N  O  A  H  U  V  E  M  U  U  T  U  Q  Z
U  C  N  E  U  P  L  L  F  L  K  B  S  Z  G  U  N  R  Z
D  E  F  V  Z  J  R  H  S  T  V  S  M  T  R  L  G  J  I
S  N  X  Y  I  P  I  C  E  G  P  N  I  A  O  A  S  I  F
V  U  A  E  E  E  Y  S  Q  L  N  U  X  S  S  T  L  H  I
H  W  H  L  D  F  K  R  C  E  I  U  O  E  R  I  A  Y  Q
N  U  E  D  R  K  G  E  O  B  N  Q  G  B  E  O  G  L  C
F  R  B  W  D  E  M  Z  H  P  K  W  E  N  V  N  E  F  U
Y  D  A  Y  B  E  T  N  O  L  E  I  N  S  I  Q  R  B  M
D  E  L  Y  S  U  B  A  Z  L  W  O  P  J  T  D  Z  W  N
H  B  K  J  A  J  U  P  V  V  N  E  I  Z  G  A  E  S  P
G  N  U  G  I  D  I  E  T  R  E  V  A  Q  G  S  F  B  A
```

4

```
D F Y Y O T O O U N Z W O L X X P V X
H K I O E Q S D X J J K A L I P R I Z
I R D Z W G N L N U T Q F A Y D O W L
J I Y J Q P M O V N E N V U Y A P V A
I E I A Q O S E L M C Y G F E E A R D
F G A U H B S E L X M C D A T N G E R
C S I P R B U U N I F C K T O E A D W
Q B L U F T S C H U T Z R A U M N L L
J E B E S E T Z U N G U T F N A D I Q
Q G B Q R I I F O N O W T K S R A B E
N E Z T E U H C S F R A H C S K B D K
W I X Q I T V K A O S S Q T T E D N B
R S C H P I O F J I Z D S E R X K I U
I T R Q J Z D K K J B V R L O R U E H
A E C N K B Q D P G T R I H C W W F C
E R P N N W P G D A Y N S F E B D E S
A U O L N D T D V J M T K A P U P M H
K N A S H I T L E R H W Y T U U G R C
V G A A T D H A Q Z N Y O Y P C J L A
C K N S S U P H A M B N I L A T S A N
U U K S Z J R J Z W F Q F L W B R V G
F P K O D V N M D D M I B H H M S D N
I W H E I M A T B O D E N E Y F I K U
E X C E K D J V H L Q Y M G R Y I S W
```

NACHSCHUB

PROPAGANDA

SCHARFSCHUETZEN

STURM AUF BERLIN

KRIEGSBEGEISTERUNG

BESETZUNG DAENEMARK

HITLER STALIN PAKT

LUFTSCHUTZRAUM

HEIMATBODEN

FEINDBILDER

Lösung

```
D F Y Y O T O O U N Z W O L X X P V X
H K I O E Q S D X J J K A L I P R I Z
I R D Z W G N L N U T Q F A Y D O W L
J I Y J Q P M O V N E N V U Y A P V A
I E I A Q O S E L M C Y G F E E A R D
F G A U H B S E L X M C D A T N G E R
C S I P R B U U N I F C K T O E A D W
Q B L U F T S C H U T Z R A U M N L L
J E B E S E T Z U N G U T F N A D I Q
Q G B Q R I I F O N O W T K S R A B E
N E Z T E U H C S F R A H C S K B D K
W I X Q I T V K A O S S Q T T E D N B
R S C H P I O F J I Z D S E R X K I U
I T R Q J Z D K K J B V R L O R U E H
A E C N K B Q D P G T R I H C W W F C
E R P N N W P G D A Y N S F E B D E S
A U O L N D T D V J M T K A P U P M H
K N A S H I T L E R H W Y T U U G R C
V G A A T D H A Q Z N Y O Y P C J L A
C K N S S U P H A M B N I L A T S A N
U U K S Z J R J Z W F Q F L W B R V G
F P K O D V N M D D M I B H H M S D N
I W H E I M A T B O D E N E Y F I K U
E X C E K D J V H L Q Y M G R Y I S W
```

```
L Q N C Q P A F H Q Y T C D R K H Z Y
C I E A K T L D A L Q U U V L B S K T
P U G D L J E W R P N A Q X N K H X M
O G N O H Q I T K D H A U F P P X Y K
P A U P H U R M I L K M O Z W O W A V
D L S W I E D T F J M X L E T U L A L
A H S F Q B S I Q V Y L L K O V S E A
U C E I Z E R E E L A T G M T X P X N
E S I Y C R Z T C F K Z N Q A U L O O
R N H G S L N D R R N Q U X L A T X P
B I C N F E M E I L N Q R H E E Q H E
E E S U F B B E A D L L E J U N F Q L
S N R R A E G Q Y Y E Y A L R I N F R
C E E E U N A Z A F S N L C H R E W Y
H B N I E S T D E V S F K T C A B H M
U M E S L K N N P H E K R A O M K K F
S O S I Z A B S T M K P E I H S K S R
S B S L K M O O B C N X S Q X G N T U
H C A I Q P K S N H I Y G F R E I R P
W R M B T F E Y F J E T E Y C I O M X
T X C O R D W F I N M U I O P R Z F X
U G H M A V Z V D W G V R K K K B U R
O T C O U T G L A F A A K P M K G W H
J C G Q T F E S T R W R Q T T K Y C E
```

EINKESSELN
KRIEGSMARINE
DAUERBESCHUSS
BOMBENEINSCHLAG
TOTALE MOBILISIERUNG

MASSENERSCHIESSUNGEN
UEBERFALL AUF POLEN
UEBERLEBENSKAMPF
KRIEGSERKLAERUNG
WELTKRIEG

Lösung

```
L Q N C Q P A F H Q Y T C D R K H Z Y
C I E A K T L D A L Q U U V L B S K T
P U G D L J E W R P N A Q X N K H X M
O G N O H Q I T K D H A U F P P X Y K
P A U P H U R M I L K M O Z W O W A V
D L S W I E D T F J M X L E T U L A L
A H S F Q B S I Q V Y L L K O V S E A
U C E I Z E R E E L A T G M T X P X N
E S I Y C R Z T C F K Z N Q A U L O O
R N H G S L N D R R N Q U X L A T X P
B I C F E M E I L N Q R H E E Q H E
E E S U F B B E A D L L E J U N F Q L
S N R A E G Q Y Y E Y A L R I N F R
C E E E U N A Z A F S N L C H R E W Y
H B N I E S T D E V S F K T C A B H M
U M E S L K N N P H E K R A O M K K F
S O S I Z A B S T M K P E I H S K S R
S B S L K M O O B C N X S Q X G N T U
H C A I Q P K S N H I Y G F R E I R P
W R M B T F E Y F J E T E Y C I O M X
T X C O R D W F I N M U I O P R Z F X
U G H M A V Z V D W G V R K K K B U R
O T C O U T G L A F A A K P M K G W H
J C G Q T F E S T R W R Q T T K Y C E
```

```
T U L N Q E A G C E T D R O B R A H C
H U P M U N D E I W N Y E P R S H U I
C C W G B J X I I M R Y M K D S D E A
A A M Y V K Q R Q U E T A P L O X M Y
L E R C P O H K Y Y U I D O T E D L F
H Y H U A N S K G O E L S A E G O K Y
C C W W O F S I T N F U T H A L O R M
S V H V W E E F R L E F O S Q G T X M
L Y G B I R F I O O I T P V M W C A P
A T L N M E P Z M L R S E D P S H W G
I Y T H Z N G A M P E C S L L X F V N
R F S M F Z N P E U L H M D H W U J U
E K L K B N R C L W L U H Z F B P I R
T L U E K U Z P F G I T Y V A E Q Z E
A V V E G L S X E X T Z T P A J A K I
M F O Y D A K L U J R B H R I H Q P Z
K M D Y A X H P E I A U L K R F T S N
E F D H M A L N R T Y N L L M D S A U
N H T Z P J Q U E V Y K X Q S D J D N
E Q E I R L C K Q B T E T O J O V Y E
A N U O V Q I W E B M R M H B Z D G D
H C P J M Q G P F H V O I B G C I V V
U N I E G U Z K C E U R B A Q C I X D
T E W I O T A X E S T O G X F K C A S
```

6

RUECKZUG

BOMBENHAGEL

ARTILLERIEFEUER

LUFTSCHUTZBUNKER

POTSDAMER KONFERENZ

MATERIALSCHLACHT

TROMMELFEUER

DENUNZIERUNG

PEARL HARBOR

PAZIFIKKRIEG

```
T U L N Q E A G C E T D R O B R A H C
H U P M U N D E I W N Y E P R S H U I
C C W G B J X I I M R Y M K D S D E A
A A M Y V K Q R U E T A P L O X M Y
H E R C P O H K Y Y U I D O T E D L F
H Y H U A N S K G O E L S A E G O K Y
C C W W O F S I T N F U T H A L O R M
S V H V W E E F R L E F O S Q G T X M
L Y G B I R F I O O I T P V M W C A P
A T L N M E P Z M L R S E D P S H W G
I Y T H Z N G A M P E C S L L X F V N
R F S M F Z N P E U L H M D H W U J U
E K L K B N R C L W L U H Z F B P I R
T L U E K U Z P F G I T Y V A E Q Z E
A V V E G L S X E X T Z T P A J A K I
M F O Y D A K L U J R B H R I H Q P Z
K M D Y A X H P E I A U L K R F T S N
E F D H M A L N R T Y N L L M D S A U
N H T Z P J Q U E V Y K X Q S D J D N
E Q E I R L C K Q B T E T O J O V Y E
A N U O V Q I W E B M R M H B Z D G D
H C P J M Q G P F H V O I B G C I V V
U N I E G U Z K C E U R B A Q C I X D
T E W I O T A X E S T O G X F K C A S
```

```
Q W N T I O K W A U A S Z N H Q Z X A
W J B E Q N T S G N A Z N E T S I X E
P M I Z R B B O M B A R D I E R U N G
K D L L E A C X H C Q G B V R Z I X P
A W S L N H R S E V G I H O E I T Y M
K D D N J V C E I E M S S L G Q E O M
K V H X M M I N M I H C U K A Z Y E F
L Y C H N A J M A T Y D B S L D W Y M
W U U K Z L Z Q T D S R O D S C J Q T
L O R I M E O L F V H T O E T O T Q R
W O B R W P G Y R F O B T U I H G W M
N K S B F V M E O R H R Q T E J D A V
R D U A S A S P N P W R Y S B H N B Q
Y K A F C P P T T Y V A K C R T K T G
N F S N M T N X F G S S B H A O H F U
M C G E L B M D L D F J Q E E M H N Y
D F E F Y G R N O M J T W G D L N F U
Y M I F P L O Y T T X P B Y L M S X Y
F G R A R Z H C T Z E Y Q L Q Q O N S
G F K W R L Y F E S R T E W B S C P P
P P P K I O H Y S X M D L B M H Z Y C
R N D U B X R L J Y J X D E A H M E Q
Y B Z R C Y E K P Z Z A C U A F F Z L
Z W T N O R F G R B A Z A D J K A D E
```

KAELTETOD   KRIEGSAUSBRUCH
ARBEITSLAGER   VOLKSDEUTSCHE
UBOOT FLOTTE   WAFFENFABRIK
EXISTENZANGST   HEIMATFRONT
BOMBARDIERUNG   FRONT

```
Q W N T I O K W A U A S Z N H Q Z X A
W J B E Q N T S G N A Z N E T S I X E
P M I Z R B B O M B A R D I E R U N G
K D L L E A C X H C Q G B V R Z I X P
A W S L N H R S E V G I H O E I T Y M
K D D N J V C E I E M S S L G Q E O M
K V H X M M I N M I H C U K A Z Y E F
L Y C H N A J M A T Y D B S L D W Y M
W U U K Z L Z Q T D S R O D S C J Q T
L O R I M E O L F V H T O E T O T Q R
W O B R W P G Y R F O B T U I H G W M
N K S B F V M E O R H R Q T E J D A V
R D U A S A S P N P W R Y S B H N B Q
Y K A F C P P T T Y V A K C R T K T G
N F S N M T N X F G S S B H A O H F U
M C G E L B M D L D F J Q E E M H N Y
D F E F Y G R N O M J T W G D L N F U
Y M I F P L O Y T T X P B Y L M S X Y
F G R A R Z H C T Z E Y Q L Q Q O N S
G F K W R L Y F E S R T E W B S C P P
P P P K I O H Y S X M D L B M H Z Y C
R N D U B X R L J Y J X D E A H M E Q
Y B Z R C Y E K P Z Z A C U A F F Z L
Z W T N O R F G R B A Z A D J K A D E
```

```
G C U O N I Q D X X R N Y E R D G M F
N E Q O G U G Q Z X U V R T B J M J N
U O F F M Z U A K J G P U D N J H E I
R R V F D O L I Y A W D I M U U B Y K
E I D N A M R O N V R F Q R E O A G R
I M M L L W N F P C P U G K M A T L I
T A I V G L S C U Q I I I B H B S U E
U J N F D M U G R K V U E O M C A U G
R B S M X T R Y N A W N Z A I Y C F S
K F E U S D Z U F U E Y S B W D S U E
E Y L V L C O H T I T S Q M K E O P I
R F N V Y M A Y N S E L A I F F G E N
S D C C E Q B S W N S G E F O U I G T
G M C Q O N C Q S C U K A G M A R Y R
N F G M W H P T J N U W L L R A M I I
A G T J L M E Y F R T U E O U E G H T
W F V A E R Q G N F V E B I V S V A T
Z Y E P B G P F U M I M Q B L O T N H
G G F E R X X L W E C W U S A V C N F
E T N D G X X Q S R N B O G E D Z N P
L W C U R R P P H E Z P E Q P F O X M
A N O U J A L Q K L R K V J L A Z W V
F P K J X O U G N Y A D D G W X H A J
U T X V I I I T A A R C G F S R G A P
```

DDAY
NORMANDIE
MASSENSTERBEN
VERGELTUNGSWAFFE
USA KRIEGSEINTRITT

ZWANGSREKRUTIERUNG
BOMBENEINSCHLAEGE
MIDWAY INSELN
LUFTWAFFE USA
VOLKSSTURM

Lösung

```
G  C  U  O  N  I  Q  D  X  X  R  N  Y  E  R  D  G  M  F
N  E  Q  O  G  U  G  Q  Z  X  U  V  R  T  B  J  M  J  N
U  O  F  F  M  Z  U  A  K  J  G  P  U  D  N  J  H  E  I
R  R  V  F  D  O  L  I  Y  A  W  D  I  M  U  U  B  Y  K
E  I  D  N  A  M  R  O  N  V  R  F  Q  R  E  O  A  G  R
I  M  M  L  L  W  N  F  P  C  P  U  G  K  M  A  T  L  I
T  A  I  V  G  L  S  C  U  Q  I  I  I  B  H  B  S  U  E
U  J  N  F  D  M  U  G  R  K  V  U  E  O  M  C  A  U  G
R  B  S  M  X  T  R  Y  N  A  W  N  Z  A  I  Y  C  F  S
K  F  E  U  S  D  Z  U  F  U  E  Y  S  B  W  D  S  U  E
E  Y  L  V  L  C  O  H  T  I  T  S  Q  M  K  E  O  P  I
R  F  N  V  Y  M  A  Y  N  S  E  L  A  I  F  F  G  E  N
S  D  C  C  E  Q  B  S  W  N  S  G  E  F  O  U  I  G  T
G  M  C  Q  O  N  C  Q  S  C  U  K  A  G  M  A  R  Y  R
N  F  G  M  W  H  P  T  J  N  U  W  L  L  R  A  M  I  I
A  G  T  J  L  M  E  Y  F  R  T  U  E  O  U  E  G  H  T
W  F  V  A  E  R  Q  G  N  F  V  E  B  I  V  S  V  A  T
Z  Y  E  P  B  G  P  F  U  M  I  M  Q  B  L  O  T  N  H
G  G  F  E  R  X  X  L  W  E  C  W  U  S  A  V  C  N  F
E  T  N  D  G  X  X  Q  S  R  N  B  O  G  E  D  Z  N  P
L  W  C  U  R  R  P  P  H  E  Z  P  E  Q  P  F  O  X  M
A  N  O  U  J  A  L  Q  K  L  R  K  V  J  L  A  Z  W  V
F  P  K  J  X  O  U  G  N  Y  A  D  D  G  W  X  H  A  J
U  T  X  V  I  I  I  T  A  A  R  C  G  F  S  R  G  A  P
```

```
C C M E E X V A S I Y Q B E G Z O O Q
I H S Y M G B H R D I Z V R Y W O G E
M J N T J N S N Q M O V S E V U S X H
I D A P Q C I I Y H E Y F D S P O W I
Z J F M R U T S R E U E F L P G X H T
U D X E N O X S N W N R E H J P M M L
R S T K X L Y C E E O B H F E O U Y E
U V T P I Z Q H H Q F I R L A N S N R
E X D Y W N T U T J Z D R E X P O V S
C I G E E H T O T A L E R O G I L S E
K Q B M B U A S S O R A B R A B D O L
S X X W W Q Y B R U G E U Q K U A W B
C C G W Y M W V Q T A G I H Z Z T S S
H O Q X S W U J M D T D Z J Q O E B T
L O T J V M S L O Z C Z T B D A N U M
A C R Q M I H L N Y Y T C R O T E E O
G K M J T R F M D C G C E E O R K N R
E E Y Y U H U N G E R S N O E T E D D
N U D E S Z N M M B V W R Z Z F N Q
B E J G E I R K T H X P O V I Z Z I W
K C D T J C K E Z E E K M B F E P S X
J X K V I E G D X U D D J H A A P R Y
C M L H U K A U K A S U S H U Q P B G
L Q D X Z N S B K S D Q X F A B G O Z
```

Lösung

```
C C M E E X V A S I Y Q B E G Z O O Q
I H S Y M G B H R D I Z V R Y W O G E
M J N T J S N Q M O V S E V U S X H
I D A P Q C I I Y H E Y F D S P O W I
Z J F M R U T S R E U E F L P G X H T
U D X E N O X S Z N W N R E H J P M L
R S T K X L Y C E E O B H F E O U Y E
U V T P I Z Q H H Q F I R L A N S N R
E X D Y W N T U T J Z D R E X P O V S
C I G E E H T O T A L E R O G I L S E
K Q B M B U A S S O R A B R A B D O L
S X X W W Q Y B R U G E U Q K U A W B
C C G W Y M W V Q T A G I H Z Z T S S
H O Q X S W U J M D T D Z J Q O E B T
L O T J V M S L O Z C Z T B D A N U M
A C R Q M I H L N Y Y T C R O T E E O
G K M J T R F M D C G C E E O R K N R
E E Y Y U H U N G E R S N O E T E D D
N U D E S Z N H M M B V W R Z Z F N Q
B E J G E I R K T H X P O V I Z Z I W
K C D T J C K E Z E K M B F E P S X
J X K V I E G D X U D D J H A A P R Y
C M L H U K A U K A S U S H U Q P B G
L Q D X Z N S B K S D Q X F A B G O Z
```

```
V E R D E E K D A E L F G V E S X H P
Q S N K Z Z I D W P D N K V N L N V E
M P Y E N N W Y C Y U I L U X N F P N
M O Z Z T U Q L O T B Q J A S C A V E
K P R E P S E I S R Q M M P K S G Z T
E E U E L T I E J J C L R Q Y I G N S
E W K S R X U L D E U O C I Z J R F I
D E W Q E R D F I F K G H Z E B Y F L
N B L V F F Q W T V A P Z X N F H D A
X M I U E R R A B X I K Y L R D B K I
B P A W G R N S R Q G Z W K E K W U Z
A N B F S G B L F H W M A E S R W J O
R B P Q R V E R B U E N D E T E R X S
G U B I W E G E A U O R U S E U X D L
B V F J N U G O K N E U N I U E Q S A
O F N W Y I L Q E F N U T A U D A G N
E T H Z L V U N P L Y T B B W H K G O
J B W X M H F O P B K D E U G R A C I
G E G F B U X R F D A Y J D L A W E T
L T E B T L W F H H G Z G T U F O B A
K T T T Y K T Z T A E N J Q E F I X N
D B E G C M T O D E S M A E R S C H E
H R U N E N O I L L I M L G L T T T C
N I E D E R L A G E P F A D N U H U K
```

10

ZIVILISTEN
LUFTANGRIFFE
AUFRUESTUNG
TODESMAERSCHE
MILLIONEN OPFER

NIEDERLAGE AFRIKA KORPS
NATIONALSOZIALISTEN
VERBRANNTE ERDE
KANONENFUTTER
VERBUENDETER

Lösung

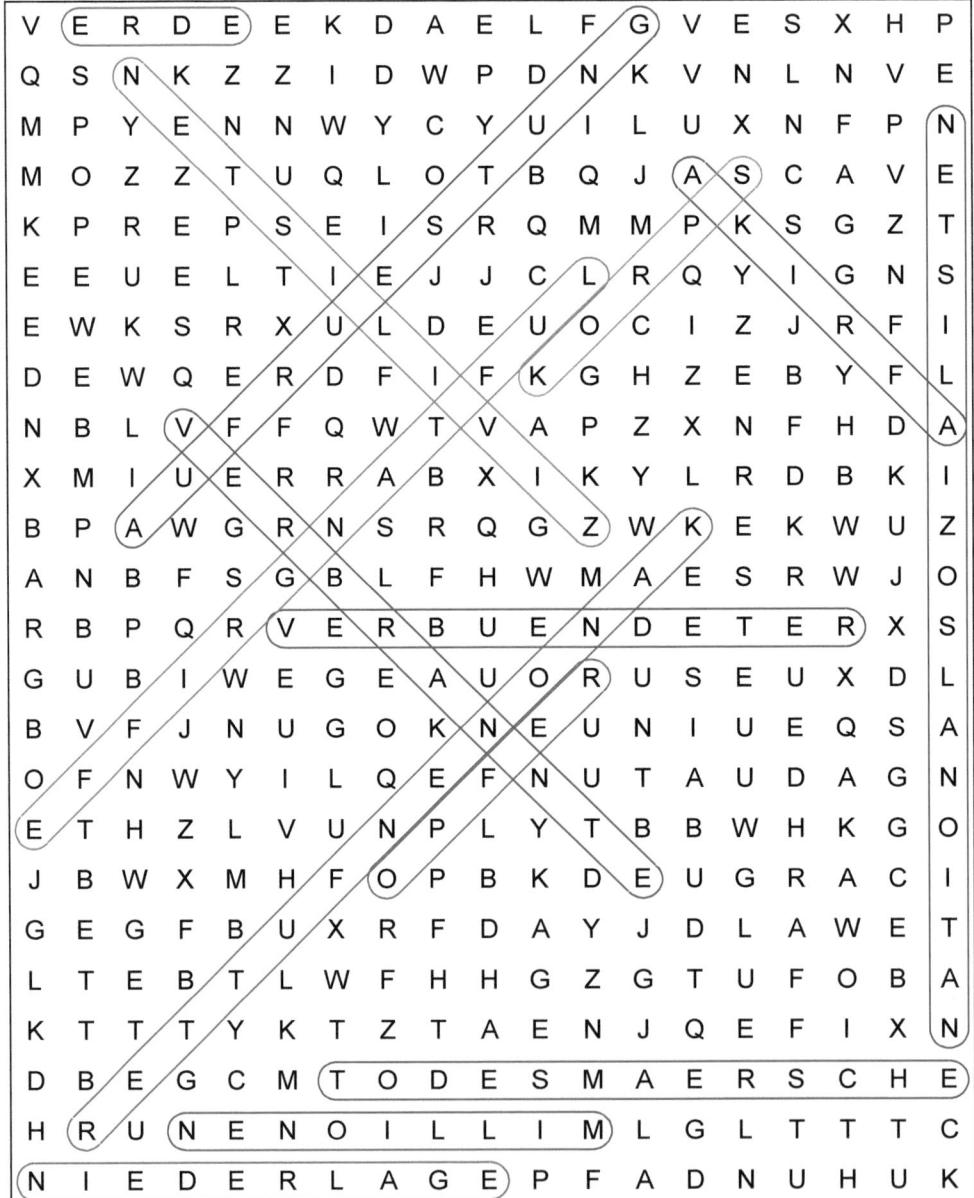

```
C G D E G Z T F A T N O R F T S O J B
B U E O N C V K Q P V Z G M L V P E Q
D E L I U K D Y W U W J P D Y W D A L
W Z K A R R R X L G C O I X F N M F Z
T J L A H K I I U N O X A A E C Z A M
Q N S C E M Z T E R M R Z S Y D V S N
H O M O U M R T B G N C G K P A Q D B
G I X S F P P N I E S E H R I K D O C
X T I H S B A F N L I W E R B B L I P
U K G C G A D A U R B S E P X S O S F
D U Q M E M O C K N I A E N C B N U C
N D C P I A Z W W S G T S H D O N J Y
D O B Y R L V B T Z R P E I W E O U W
Q R I T K J D A W E N W U Q B K D G V
P P S T U M N F I S I M Y D L K U I M
V S H C A C X I V S W S Q A F U C O N
R G F U E L L A M F X D V I X D A J P
N N V F K L U U H B F H R B X Z U J B
W U B J A M S T Z R Q P W R J C O S H
L T C H K W K M I Z P U T S G C J W K
L S N Y O K X Y W P S Y Q F B E I D K
Q E K T H X C S S U A O V Y B C F M A
U U J H I S M M Q X Y K Y T C U A K D
U R O N I T H C A M R H E W X W O M Z
```

11

BLITZKRIEG
KRIEGSFUEHRUNG
RUESTUNGSPRODUKTION
KAPITULATION WEHRMACHT
BEKAEMPFUNG BOLSCHEWISMUS

KRIEGSWENDE
KRIEGSENDE
RESISTANCE
OSTFRONT
ALLIIERTE

```
C G D E G Z T F A T N O R F T S O J B
B U E O N C V K Q P V Z G M L V P E Q
D E L I U K D Y W U W J P D Y W D A L
W Z K A R R R X L G C O I X F N M F Z
T J L A H K I I U N O X A A E C Z A M
Q N S C E M Z T E R M R Z S Y D V S N
H O M O U M R T B G N C G K P A Q D B
G I X S F P P N I E S E H R I K D O C
X T I H S B A F N L I W E R B B L I P
U K G C G A D A U R B S E P X S O S F
D U Q M E M O C K N I A E N C B N U C
N D C P I A Z W W S G T S H D O N J Y
D O B Y R L V B T Z R P E I W E O U W
Q R I T K J D A W E N W U Q B K D G V
P P S T U M N F I S I M Y D L K U I M
V S H C A C X I V S W S Q A F U C O N
R G F U E L L A M F X D V I X D A J P
N N V F K L U U H B F H R B X Z U J B
W U B J A M S T Z R Q P W R J C O S H
L T C H K W K M I Z P U T S G C J W K
L S N Y O K X Y W P S Y Q F B E I D K
Q E K T H X C S S U A O V Y B C F M A
U U J H I S M M Q X Y K Y T C U A K D
U R O N I T H C A M R H E W X W O M Z
```

```
R T T W G Z D L O A N N J Z J K I X K
E L U R C D K G T Q M Y E D P Q P M I
G X D R O T E H D L N P Y T S V W E T
A Z G M O G Q M B D I A Z P E R D E I
L G P W U X S O S P E E W X X D E W L
S V O R M A R S C H D Z J L U T U R O
G K C T B U G N C H E T R R P K T S P
N E B E M F C C P S R G H U C L S R S
U E F D C U F N T U L B E E V O C X G
H M Z L X I I T T O A B E S N C H G E
E R M E A I L G Y S G Q J T N U E U I
I A Z Z P I J I N Q E N O U L W C Z R
Z U H X V X C U E G F V Q N U K U D K
R O L V G W S J Z N L U B G X O L L F
E A D E V Z I W C A H D E S T R K E Z
S U Y B H W Y Y E G J O Z I D I M F O
T F U A L R E V T N O R F N V L P D H
I B T E F X C Z Y Q T R W D N Y D N S
E X C S R E T T E A L B G U L F D A X
B U D B T Z O J Y R T R E S R E N L O
R E D K B E A B A J C X O T X J S S S
A F J J B K S Z K H G K A R J P Y S H
P T F Q E M A K Z G D S D I R D T U N
K A R U E O V W Y J J X Q E Z K Y R T
```

12

NIEDERLAGE

CECILIENHOF

KRIEGSPOLITIK

FLUGBLAETTER

RUSSLANDFELDZUG

ARBEITSERZIEHUNGSLAGER

VORMARSCH ROTE ARMEE

RUESTUNGSINDUSTRIE

SUDETEN DEUTSCHE

FRONTVERLAUF

Lösung

```
R T T W G Z D L O A N N J Z J K I X K
E L U R C D K G T Q M Y E D P Q P M I
G X D R O T E H D L N P Y T S V W E T
A Z G M O G Q M B D I A Z P E R D E I
L G P W U X S O S P E E W X X D E W L
S V O R M A R S C H D Z J L U T U R O
G K C T B U G N C H E T R R P K T S P
N E B E M F C C P S R G H U C L S R S
U E F D C U F N T U L B E E V O C X G
H M Z L X I T T O A B E S N C H G E I
E R M E A I L G Y S G Q J T N U E U I
I A Z Z P I J I N Q E N O U L W C Z R
Z U H X V X C U E G F V Q N U K U D K
R O L V G W S J Z N L U B G X O L L F
E A D E V Z I W C A H D E S T R K E Z
S U Y B H W Y Y E G J O Z I D I M F O
T F U A L R E V T N O R F N V L P D H
I B T E F X C Z Y Q T R W D N Y D N S
E X C S R E T T E A L B G U L F D A X
B U D B T Z O J Y R T R E S R E N L O
R E D K B E A B A J C X O T X J S S S
A F J J B K S Z K H G K A R J P Y S H
P T F Q E M A K Z G D S D I R D T U N
K A R U E O V W Y J J J X Q E Z K Y R T
```

```
V  D  O  I  P  P  Q  A  A  X  Z  D  D  N  M  Y  O  N  A
U  Q  Z  P  N  U  U  J  H  K  I  Q  R  I  E  A  F  H  J
O  G  U  M  U  R  N  B  B  G  V  U  V  Q  V  A  K  K  Z
U  E  B  E  R  M  A  C  H  T  I  N  A  H  K  M  F  M  R
U  Q  N  Q  I  X  F  Q  P  E  L  B  N  R  X  U  U  E  E
G  Z  E  X  G  J  X  S  J  J  E  V  O  O  R  A  P  X  K
E  A  U  E  F  W  M  U  Q  M  M  Z  D  Y  G  R  U  Z  A
V  S  M  L  B  C  N  T  Y  M  P  F  J  L  L  T  W  T  S
R  W  A  X  J  I  E  I  N  J  I  L  U  E  X  S  S  I  S
V  X  Z  O  G  Z  L  E  C  C  U  F  B  R  G  O  L  A
W  F  V  V  N  U  L  Z  P  O  M  E  D  E  L  E  Q  K  M
Z  W  O  S  U  N  I  X  P  W  M  C  B  N  E  I  X  E  D
H  E  Z  Z  R  E  W  V  U  V  U  H  E  S  X  R  Q  X  V
G  H  E  X  E  D  E  A  R  T  J  T  N  R  W  K  C  Z  E
I  C  F  D  I  S  T  O  G  D  K  L  E  A  K  E  J  W  G
F  C  P  O  D  E  L  S  Z  L  S  I  B  U  C  G  L  F  H
G  B  U  O  R  R  A  X  T  V  J  N  E  M  J  P  Y  J  V
S  Q  L  C  A  D  H  O  A  L  I  G  I  H  X  J  F  Z  G
Z  L  C  K  B  R  H  Q  S  R  Z  E  R  N  Q  E  I  L  M
J  D  B  J  M  Y  C  U  N  E  C  E  T  T  A  G  X  H  E
N  W  I  T  O  R  R  E  I  F  X  I  R  W  E  O  W  V  D
D  D  W  H  B  P  U  M  E  P  C  K  E  V  E  F  V  O  R
I  P  S  G  V  E  D  I  L  O  C  Y  V  A  F  L  Q  M  M
I  I  V  R  F  D  Z  N  Q  C  P  W  K  Z  F  J  P  C  W
```

13

UEBERMACHT
LEBENSRAUM
VERTRIEBENE
FLUECHTLINGE
KRIEGSTRAUMA

BOMBARDIERUNG DRESDEN
DURCHHALTEWILLEN
EINSATZGRUPPEN
ZIVILE OPFER
MASSAKER

Lösung

```
V D O I P P Q A A X Z D D N M Y O N A
U Q Z P N U U J H K I Q R I E A F H J
O G U M U R N B B G V U V Q V A K K Z
U E B E R M A C H T I N A H K M F M R
U Q N Q I X F Q P E L B N R X U U E E
G Z E X G J X S J J E V O O R A P X K
E A U E F W M U Q M M Z D Y G R U Z A
V S M L B C N T Y M P F J L L T W T S
R W A X J I E I N J I L U E X S S I S
V X Z O G Z L G E C C U F B R G O L A
W F V V N U L Z P O M E D E L E Q K M
Z W O S U N I X P W M C B N E I X E D
H E Z Z R E W V U V U H E S X R Q X V
G H E X E D E A R T J T N R W K C Z E
I C F D I S T O G D K L E A K E J W G
F C P O D E L S Z L S I B U C G L F H
G B U O R R A X T V J N E M J P Y J V
S Q L C A D H O A L I G I H X J F Z G
Z L C K B R H Q S R Z E R N Q E I L M
J D B J M Y C U N E C E T T A G X H E
N W I T O R R E I F X I R W E D V D D
D D W H B P U M E P C K E V E F V O R
I P S G V E D I L O C Y V A F L Q M M
I I V R F D Z N Q C P W K Z F J P C W
```

```
E Z Q T G D S R X H M P Q A I Z R F G
P W H P I N B A C L R V F O K S E A I
S I D A M C H Z L Q S H C K T R F Z V
T G V A R O M M E L Q W G U N F R K D
S C C R H W O T T S U D R H C N E R Y
G B V I I O R Q E E B M E G S I W I I
E A A C T Z N G S A A I E Q F W N E Q
J W Y K W S G T D N N I K A X R E G P
M B I I S E E K G M R R A Q E E M S C
B N S O Z N J R A K M P H U K Y M O F
H I B R F W I R T J V A T D F W A P L
R V P U V F S F S O J R Y J D X L F I
L F C C F C U R H C H K E X J H F E E
D H I Q H L H D W G M V N N N S J R G
S C M Y I S V Q R P S W W P E C Z E E
G F M E T F R O B F E W N F P R W J R
F Y A J A Q E M Z X E Y P B Q X I O A
R G G B O V O G X I E M Y E T Z Q S L
D O X N Y M A M I N E N F E L D E R A
Z B C Z K F F B D P D V B V E M X Y R
K K T X U D T H C I R E G D N A T S M
I P W I I S L U X C W R L B P R V H P
M G U N O O K W O C H E N S C H A U D
O T M R E F H C I E R K N A R F A H Q
```

LUFTKRIEG
KRIEGSOPFER
STANDGERICHT
STURMANGRIFF
FLAMMENWERFER

ERWIN ROMMEL WUESTENFUCHS
EINMARSCH IN FRANKREICH
SIRENE FLIEGERALARM
WOCHENSCHAU
MINENFELDER

Lösung

```
E Z Q T G D S R X H M P Q A I Z R F G
P W H P I N B A C L R V F O K S E A I
S I D A M C H Z L Q S H C K T R F Z V
T G V A R O M M E L Q W G U N F R K D
S C C R H W O T T S U D R H C N E R Y
G B V I I O R Q E E B M E G S I W I I
E A A C T Z N G S A A I E Q F W N E Q
J W Y K W S G T D N N I K A X R E G P
M B I I S E E K G M R R A Q E E M S C
B N S O Z N J R A K M P H U K Y M O F
H I B R F W I R T J V A T D F W A P L
R V P U V F S F S O J R Y J D X L F I
L F C C F C U R H C H K E X J H F E E
D H I Q H L H D W G M W V N N N S J R G
S C M Y I S V Q R P S W W P E C Z E E
G F M E T F R O B F E W N F P R W J R
F Y A J A Q E M Z X E Y P B Q X I O A
R G G B O V O G X I E M Y E T Z Q S L
D O X N Y M A M I N E N F E L D E R A
Z B C Z K F F B D P D V B V E M X Y R
K K T X U D T H C I R E G D N A T S M
I P W I I S L U X C W R L B P R V H P
M G U N O O K W O C H E N S C H A U D
O T M R E F H C I E R K N A R F A H Q
```

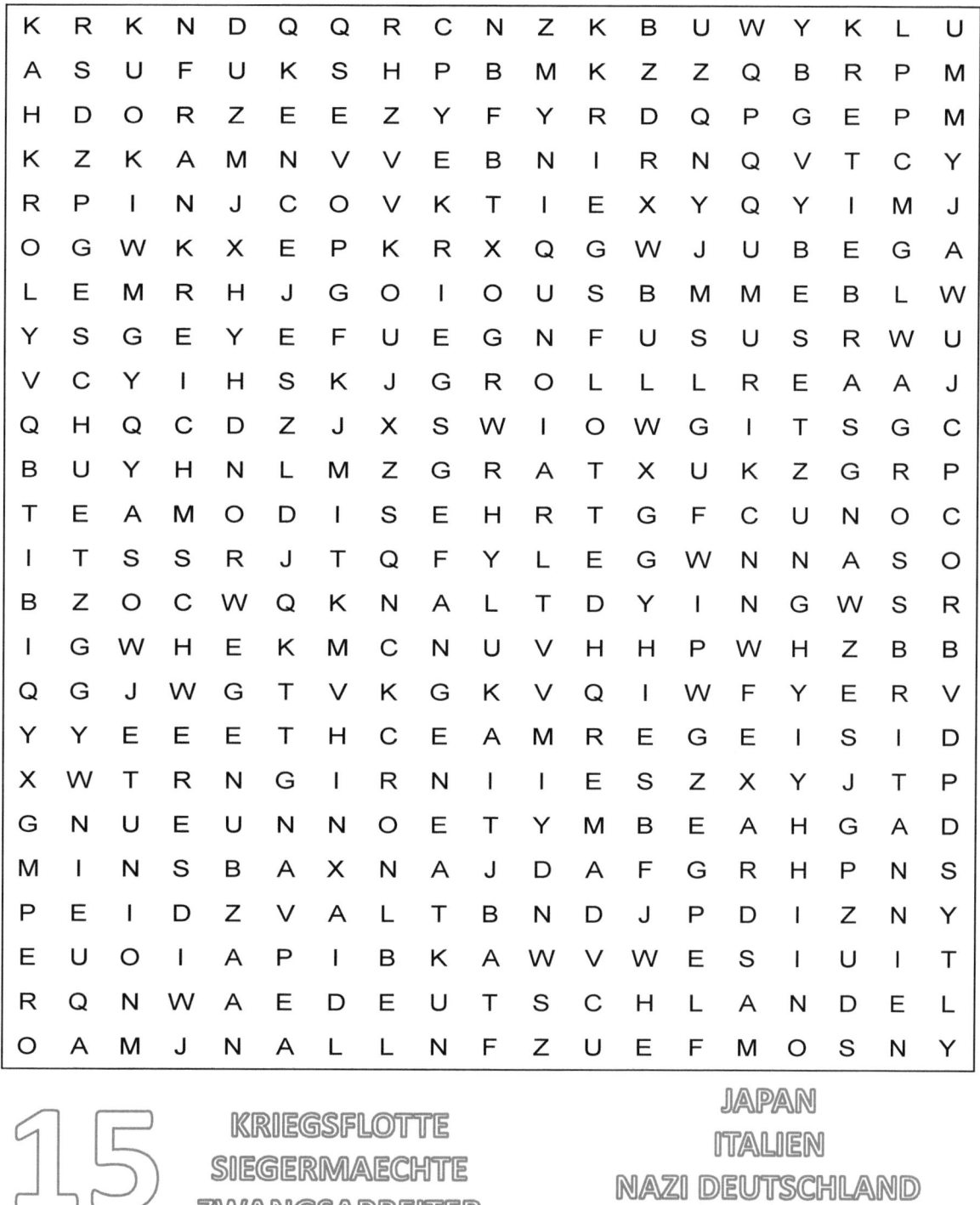

K	R	K	N	D	Q	Q	R	C	N	Z	K	B	U	W	Y	K	L	U
A	S	U	F	U	K	S	H	P	B	M	K	Z	Z	Q	B	R	P	M
H	D	O	R	Z	E	E	Z	Y	F	Y	R	D	Q	P	G	E	P	M
K	Z	K	A	M	N	V	V	E	B	N	I	R	N	Q	V	T	C	Y
R	P	I	N	J	C	O	V	K	T	I	E	X	Y	Q	Y	I	M	J
O	G	W	K	X	E	P	K	R	X	Q	G	W	J	U	B	E	G	A
L	E	M	R	H	J	G	O	I	O	U	S	B	M	M	E	B	L	W
Y	S	G	E	Y	E	F	U	E	G	N	F	U	S	U	S	R	W	U
V	C	Y	I	H	S	K	J	G	R	O	L	L	L	R	E	A	A	J
Q	H	Q	C	D	Z	J	X	S	W	I	O	W	G	I	T	S	G	C
B	U	Y	H	N	L	M	Z	G	R	A	T	X	U	K	Z	G	R	P
T	E	A	M	O	D	I	S	E	H	R	T	G	F	C	U	N	O	C
I	T	S	S	R	J	T	Q	F	Y	L	E	G	W	N	N	A	S	O
B	Z	O	C	W	Q	K	N	A	L	T	D	Y	I	N	G	W	S	R
I	G	W	H	E	K	M	C	N	U	V	H	H	P	W	H	Z	B	B
Q	G	J	W	G	T	V	K	G	K	V	Q	I	W	F	Y	E	R	V
Y	Y	E	E	E	T	H	C	E	A	M	R	E	G	E	I	S	I	D
X	W	T	R	N	G	I	R	N	I	I	E	S	Z	X	Y	J	T	P
G	N	U	E	U	N	N	O	E	T	Y	M	B	E	A	H	G	A	D
M	I	N	S	B	A	X	N	A	J	D	A	F	G	R	H	P	N	S
P	E	I	D	Z	V	A	L	T	B	N	D	J	P	D	I	Z	N	Y
E	U	O	I	A	P	I	B	K	A	W	V	W	E	S	I	U	I	T
R	Q	N	W	A	E	D	E	U	T	S	C	H	L	A	N	D	E	L
O	A	M	J	N	A	L	L	N	F	Z	U	E	F	M	O	S	N	Y

15

KRIEGSFLOTTE
SIEGERMAECHTE
ZWANGSARBEITER
KRIEGSGEFANGENE
SCHWERES GESCHUETZ
BESETZUNG NORWEGEN

JAPAN
ITALIEN
NAZI DEUTSCHLAND
USA
FRANKREICH
SOWJETUNION
GROSSBRITANNIEN

Lösung

```
K R K N D Q Q R C N Z K B U W Y K L U
A S U F U K S H P B M K Z Z Q B R P M
H D O R Z E E Z Y F Y R D Q P G E P M
K Z K A M N V V E B N I R N Q V T C Y
R P I N J C O V K T I E X Y Q Y I M J
O G W K X E P K R X Q G W J U B E G A
L E M R H J G O I O U S B M M E B L W
Y S G E Y E F U E G N F U S U R W U
V C Y I H S K J G R O L L R E A A J
Q H Q C D Z J X S W I O W G I T S C
B U Y H N L M Z G R A T X U K Z G R P
T E A M O D I S E H R T G F C U N O C
I T S S R J T Q F Y L E G W N N A S O
B Z O C W Q K N A L T D Y I N G W S R
I G W H E K M C N U V H H P W H Z B B
Q G J W G T V K G K V Q I W F Y E R V
Y Y E E T H C E A M R E G E I S I D
X W T R N G I R N I I E S Z X Y J T P
G N U E U N N O E T Y M B E A H G A D
M I N S B A X N A J D A F G R H P N S
P E I D Z V A L T B N D J P D I Z N Y
E U O I A P I B K A W V W E S I U I T
R Q N W A E D E U T S C H L A N D E L
O A M J N A L L N F Z U E F M O S N Y
```

```
H  I  I  L  Z  C  H  J  J  U  I  L  R  O  H  P  E  C  J
R  L  X  U  X  R  J  I  D  X  B  W  P  K  Z  V  S  M  W
I  I  V  A  L  A  M  E  I  N  U  C  X  O  I  E  R  M  Z
V  O  N  N  L  O  T  F  I  S  F  A  P  S  E  T  F  D  S
S  T  A  L  I  N  G  R  A  D  U  F  N  L  H  O  R  X  B
D  A  S  T  W  B  O  P  N  O  V  E  O  C  R  C  N  M  T
V  D  T  H  C  A  L  H  C  S  F  W  A  D  E  W  I  P  H
J  E  H  C  X  U  R  M  B  F  E  L  X  N  O  E  V  Q  C
L  D  O  A  N  J  P  U  O  R  H  B  G  N  H  W  N  G  A
Q  A  E  L  K  M  D  N  S  C  P  L  V  N  S  O  E  C  L
Y  K  H  H  R  U  E  T  S  C  A  P  R  I  C  M  H  I  H
I  C  E  C  E  N  K  E  X  N  H  A  G  U  H  U  C  X  C
N  O  N  S  N  P  Z  R  D  Q  R  L  K  A  L  L  R  L  S
J  L  S  E  T  N  I  N  Y  N  R  E  A  H  A  V  I  B  T
V  B  D  V  G  D  T  E  W  A  Y  B  G  C  C  E  K  V  F
J  R  R  Z  B  I  A  H  V  P  I  K  B  S  H  V  N  A  U
A  A  U  Q  W  X  D  M  C  U  I  Q  J  R  T  T  E  P  L
T  I  B  R  S  Q  E  E  J  G  W  Q  J  A  B  I  U  D  O
J  B  Y  C  J  T  L  N  P  N  E  M  U  W  H  N  D  P  D
Z  D  L  P  E  Q  L  Q  J  G  W  J  M  K  D  I  B  G  K
W  M  C  K  C  D  E  G  L  E  N  I  N  G  R  A  D  E  R
P  A  N  Z  E  R  S  C  H  L  A  C  H  T  B  Y  R  C  L
J  G  D  C  E  I  O  C  M  Y  A  S  E  V  R  G  Y  Q  G
B  D  G  S  L  O  S  U  V  X  Z  D  E  U  Y  X  W  U  O
```

16

Schlachten des 2.Weltkriegs (unter anderen)

ARDENNENOFFENSIVE SCHLACHT SEELOWER HOEHEN
SCHLACHT UM ARNHEIM SCHLACHT VON DUENKIRCHEN
LENINGRADER BLOCKADE LUFTSCHLACHT UM ENGLAND
SCHLACHT VON EL ALAMEIN SCHLACHT UM STALINGRAD
PANZERSCHLACHT WARSCHAU UNTERNEHMEN ZITADELLE

Lösung

```
H  I  I  L  Z  C  H  J  J  U  I  L  R  O  H  P  E  C  J
R  L  X  U  X  R  J  I  D  X  B  W  P  K  Z  V  S  M  W
I  I  V  A  L  A  M  E  I  N  U  C  X  O  I  E  R  M  Z
V  O  N  N  L  O  T  F  I  S  F  A  P  S  E  T  F  D  S
S  T  A  L  I  N  G  R  A  D  U  F  N  L  H  O  R  X  B
D  A  S  T  W  B  O  P  N  O  V  E  O  C  R  C  N  M  T
V  D  T  H  C  A  L  H  C  S  F  W  A  D  E  W  I  P  H
J  E  H  C  X  U  R  M  B  F  E  L  X  N  O  E  V  Q  C
L  D  O  A  N  J  P  U  O  R  H  B  G  N  H  W  N  G  A
Q  A  E  L  K  M  D  N  S  C  P  L  V  N  S  O  E  C  L
Y  K  H  H  R  U  E  T  S  C  A  P  R  I  C  M  H  I  H
I  C  E  C  E  N  K  E  X  N  H  A  G  U  H  U  C  X  C
N  O  N  S  N  P  Z  R  D  Q  R  L  K  A  L  L  R  L  S
J  L  S  E  T  N  I  N  Y  N  R  E  A  H  A  V  I  B  T
V  B  D  V  G  D  T  E  W  A  Y  B  G  C  C  E  K  V  F
J  R  R  Z  B  I  A  H  V  P  I  K  B  S  H  V  N  A  U
A  A  U  Q  W  X  D  M  C  U  I  Q  J  R  T  T  E  P  L
T  I  B  R  S  Q  E  E  J  G  W  Q  J  A  B  I  U  D  O
J  B  Y  C  J  T  L  N  P  N  E  M  U  W  H  N  D  P  D
Z  D  L  P  E  Q  L  Q  G  W  J  M  K  D  I  B  G  K
W  M  C  K  C  D  E  G  L  E  N  I  N  G  R  A  D  E  R
P  A  N  Z  E  R  S  C  H  L  A  C  H  T  B  Y  R  C  L
J  G  D  C  E  I  O  C  M  Y  A  S  E  V  R  G  Y  Q  G
B  D  G  S  L  O  S  U  V  X  Z  D  E  U  Y  X  W  U  O
```

```
N Y I I P F V Y E B W R I M K B K J R
C W N X D W B E H W D E T Q P E Z E R
U B K L D P A W N P Y J X X O U Z H O
S J G H A A Q D N I Y T Z Q R N N L L
S E F L A K P A N Z E R X E A D S T M
O D Q T J S R G R P M R G P S N R O I
K X M D J P D Q G A V E M N Z E H K N
Y E Y U K H M E N A A M E I Z R Q H E
D P E U N I M P Z J A U Q N P I Y U N
A S D B K I I D R L S U A Z W B H X R
R N V X V O T E F A Z P R K V I A W A
M K Z E F Z Z I I T M B S Y S V R F E
L J R Y X N T O O R B A U S S J Q Z U
B E O B A C H T U N G S P A N Z E R M
B J S P H L B T Y H S L R V Q T W X P
H Z G N G B S C I L T P S V G C U P A
C H J K F S X C E C K A A D J W H F N
N E G A W H E A P S R E Z N A P R R Z
E Z T I B U A H R E Z N A P Z R I F E
X S C H W E R E R   M O E R S E R Y R
Z H L T L G Q I P M P C K I Z D R Y I
C T B S Y C I R O P V F M A R G X J R
J R E Z N A P E G R E B F E D T X C O
R E G A L N E K C E U R B R A L V N U
```

FLAKPANZER

PANZERJAEGER

PANZERHAUBITZE

SCHWERER MOERSER

PANZERSPAEHWAGEN

BEOBACHTUNGSPANZER

MINENRAEUMPANZER

MUNITIONSPANZER

BRUECKENLAGER

FLAMMPANZER

STURMPANZER

BERGEPANZER

Lösung

```
N  Y  I  I  P  F  V  Y  E  B  W  R  I  M  K  B  K  J  R
C  W  N  X  D  W  B  E  H  W  D  E  T  Q  P  E  Z  E  R
U  B  K  L  D  P  A  W  N  P  Y  J  X  X  O  U  Z  H  O
S  J  G  H  A  A  Q  D  N  I  Y  T  Z  Q  R  N  N  L  L
S  E  F  L  A  K  P  A  N  Z  E  R  X  E  A  D  S  T  M
O  D  Q  T  J  S  R  G  R  P  M  R  G  P  S  N  R  O  I
K  X  M  D  J  P  D  Q  G  A  V  E  M  N  Z  E  H  K  N
Y  E  Y  U  K  H  M  E  N  A  A  M  E  I  Z  R  Q  H  E
D  P  E  U  N  I  M  P  Z  J  A  U  Q  N  P  I  Y  U  N
A  S  D  B  K  I  I  D  R  L  S  U  A  Z  W  B  H  X  R
R  N  V  X  V  O  T  E  F  A  Z  P  R  K  V  I  A  W  A
M  K  Z  E  F  Z  Z  I  I  T  M  B  S  Y  S  V  R  F  E
L  J  R  Y  X  N  T  O  O  R  B  A  U  S  S  J  Q  Z  U
B  E  O  B  A  C  H  T  U  N  G  S  P  A  N  Z  E  R  M
B  J  S  P  H  L  B  T  Y  H  S  L  R  V  Q  T  W  X  P
H  Z  G  N  G  B  S  C  I  L  T  P  S  V  G  C  U  P  A
C  H  J  K  F  S  X  C  E  C  K  A  A  D  J  W  H  F  N
N  E  G  A  W  H  E  A  P  S  R  E  Z  N  A  P  R  R  Z
E  Z  T  I  B  U  A  H  R  E  Z  N  A  P  Z  R  I  F  E
X  S  C  H  W  E  R  E  R     M  O  E  R  S  E  R  Y  R
Z  H  L  T  L  G  Q  I  P  M  P  C  K  I  Z  D  R  Y  I
C  T  B  S  Y  C  I  R  O  P  V  F  M  A  R  G  X  J  R
J  R  E  Z  N  A  P  E  G  R  E  B  F  E  D  T  X  C  O
R  E  G  A  L  N  E  K  C  E  U  R  B  R  A  L  V  N  U
```

```
H  E  G  G  E  W  E  H  R  R  K  M  P  T  H  B  Y  T  F
R  Z  X  W  P  A  B  W  N  T  S  A  R  E  Q  V  X  T  N
E  L  O  T  S  I  P  E  B  S  E  S  F  I  N  F  J  T  M
P  H  C  R  Z  S  E  T  M  U  E  C  U  F  J  Z  Y  F  Y
M  I  I  F  K  M  L  A  W  A  T  H  M  L  P  T  C  Z  D
U  D  M  L  U  P  O  N  A  F  R  I  B  A  A  U  G  A  R
I  E  S  I  M  A  T  A  Z  R  K  N  J  M  K  P  W  F  I
O  M  T  E  W  L  S  R  W  E  E  E  W  M  B  A  A  T  Q
E  O  I  G  J  J  I  G  M  Z  Y  N  B  E  H  N  E  J  U
A  K  E  E  P  C  P  D  T  N  I  G  F  N  Q  Z  C  I  W
P  Z  L  R  A  C  N  N  L  A  X  E  Y  W  K  E  L  N  G
M  T  H  F  N  B  E  A  N  P  R  W  V  E  N  R  U  J  D
Z  P  A  A  Z  D  N  H  F  P  V  E  P  R  A  A  H  Y  D
K  P  N  U  E  A  I  I  J  Y  Q  H  O  F  D  B  F  Z  Z
G  H  D  S  R  Y  H  E  Q  K  G  R  U  E  E  W  T  O  B
J  P  G  T  W  M  C  R  Z  N  W  L  L  R  E  E  S  P  M
L  R  R  P  U  T  S  I  Z  L  N  S  G  G  H  P  A  C
Y  P  A  V  R  F  A  M  X  C  Z  J  P  K  O  R  F  O  T
A  I  N  M  F  M  M  X  J  N  P  Q  B  P  A  K  W  G  C
O  Z  A  M  M  E  N  I  M  R  E  T  T  I  L  P  S  K  V
L  T  T  I  I  C  T  E  S  B  I  S  B  U  V  B  R  A  E
R  L  E  Q  N  W  Q  R  T  Y  T  F  G  E  S  F  Z  M  O
Q  T  T  H  E  C  G  H  I  D  C  S  H  G  L  Z  B  H  L
U  H  P  E  X  B  C  R  F  S  X  Q  V  Z  Y  Y  X  B  K
```

18

Wehrmacht Handwaffen/ -Sonstige

GEWEHR

PANZERABWEHR

EIHANDGRANATE

FLAMMENWERFER

PANZERWURFMINE

MASCHINENPISTOLE

MASCHINENGEWEHR

STIELHANDGRANATE

SPLITTERMINE

FLIEGERFAUST

PANZERFAUST

PISTOLE

Lösung

```
H E G G E W E H R R K M P T H B Y T F
R Z X W P A B W N T S A R E Q V X T N
E L O T S I P E B S E S F I N F J T M
P H C R Z S E T M U E C U F J Z Y F Y
M I I F K M L A W A T H M L P T C Z D
U D M L U P O N A F R I B A A U G A R
I E S I M A T A Z R K N J M K P W F I
O M T E W L S R W E E E W M B A A T Q
E O I G J J I G M Z Y N B E H N E J U
A K E E P C P D T N I G F N Q Z C I W
P Z L R A C N N L A X E Y W K E L N G
M T H F N B E A N P R W V E N R U J D
Z P A A Z D N H F P V E P R A A H Y D
K P N U E A I I J Y Q H O F D B F Z Z
G H D S R Y H E Q K G R U E E W T O B
J P G T W M C R Z N W L L R E E S P M
L R R P U T S I Z L N S N G G H P A C
Y P A V R F A M X C Z J P K O R F O T
A I N M F M M X J N P Q B P A K W G C
O Z A M M E N I M R E T T I L P S K V
L T T I I C T E S B I S B U V B R A E
R L E Q N W Q R T Y T F G E S F Z M O
Q T T H E C G H I D C S H G L Z B H L
U H P E X B C R F S X Q V Z Y Y X B K
```